Erhart Kästner, geboren 1904 zu Augsburg, studierte in Leipzig, Freiburg und Kiel, wurde 1927 Bibliothekar an der Staatsbibliothek im Japanischen Palais zu Dresden und dort Leiter der Handschriften-Sammlung und der Sammlung bibliophiler Kostbarkeiten. Von 1936 bis 1938 war er Sekretär bei Gerhart Hauptmann. Nach sieben Jahren Krieg und Kriegsgefangenschaft wurde er als Direktor der Herzog-August-Bibliothek zu Wolfenbüttel berufen, der berühmten Bibliothek von Leibniz und Lessing. Er leitete sie achtzehn Jahre lang. Jetzt lebt er in Staufen im Breisgau.

Erhart Kästners Werke im Insel Verlag: Zeltbuch von Tumilad (1949), Ölberge, Weinberge. Ein Griechenlandbuch (1953), Die Stundentrommel vom heiligen Berg Athos (1956), Die Lerchenschule. Aufzeichnungen von der Insel Delos (1964), Aufstand der Dinge. Byzantinische Aufzeichnungen (1973). Im Suhrkamp Verlag erschien: Offener Brief an die Königin von Griechenland. Beschreibungen, Bewunderungen (1973).

»Ein kluger Mann, der sich umgetan hat, teilt Erfahrungen mit, Lektüreerkenntnisse werden der Realität, Begebenheiten der Moderne den Gedanken früherer Zeiten gegenübergestellt. Das Spirituelle und das Konkrete haben den gleichen Wirklichkeitsgrad, eine kombinatorisch wirkende Phantasie ... sieht Delos mit den Augen Werner Heldts, leiht dem Agnetendorfer Hauptmann griechische Züge.« *Walter Jens* insel taschenbuch 57

Erhart Kästner

Die Lerchenschule

ERHART KÄSTNER
DIE LERCHENSCHULE

Aufzeichnungen von der Insel Delos

Insel

insel taschenbuch 57
23.–28. Tausend 1976

Insel Verlag Frankfurt am Main
Vertrieb durch den Suhrkamp Taschenbuch Verlag
Umschlag nach Entwürfen von Willy Fleckhaus
Druck: Ebner, Ulm. Printed in Germany

DIE LERCHENSCHULE

I

Die Lerchen, die Lerchen. Wie war es möglich, sie zu vergessen. Aber so ist das. Erinnerungen, gewiß, und dennoch, wenn Wiedersehen ist, war zuweilen noch etwas im Vorrat, woran man nicht dachte und das erst in diesem Augenblick auftritt. Das ist das Glück der Erscheinung. Sie will überfallen. Sie mag uns bloß in der Schwäche.
Ich kannte den Weg, lief über das filzige Riedgras, am Ende des Höhenzuges der Leuchtturm. Er war von Miró, das war leicht zu sehen, da er ein Glasgesicht, einen rotlackiert steifen Cokeshut und seine weißlackiert runde Dicke besaß, auch, da es zu dunkeln begann, rot und weiß spähte. Rot blickte er dorthin, wo Felsenklippen und Land, weiß dahin, wo offene Fahrt war, denn er gehörte zu der geringeren Klasse, bei welcher sich nichts dreht. Ruhig sah er auf die labyrinthische Durchfahrt.
Da fiel es mir vor die Füße: ich hatte die Lerchen vergessen. Ich hatte alles behalten, die gebrannten Inselgebirge, die altgewordenen Küsten, die Steppe, den Nordwind, die Zinnenfolie des Meers, aber ich hatte die Lerchen vergessen. Obwohl die Sonne schon eine Weile im Meer war, stiegen sie immer noch auf, Antennen des Ödlands, aufgerichtete Haare, elektrisch und golden, Golddraht in Kornschmelz, gelötet und lotrecht, körniges Goldhaar der Insel. So lösten sie spielend den Zweifel, ob Himmel noch sei, ob es das alte Oben noch gebe, wo Düsenjäger jetzt jaulen, nobelgepriesene, nobelverfluchte Gesellschaft. Sie übten die uralte Übung, sich durch

Lied am Leben zu halten, durch Loblied. Was immer dümmliche Riesen an fixen Ideen abtragen, sie werden eines Tags einsehen müssen, daß *dies* Beweis ist, nicht was sie für Beweis halten: daß es auffliegt und aufsingt und sein Lied für stärker achtet als vieles.

Die Insellerchen waren verschiedener Begabung oder hatten, was häufiger ist, aus gleicher Begabung Verschiedenes gemacht, indem sie, wie Läufer und Schwimmer, immer dieselbe Strecke und Strofe in besessener Übung versuchten; ihre Strofe war ihre Strecke. Zwanzig Meter vom Haus, meinem Schlaf weg, wohnte die Meisterin aller Tage und Nächte im Schafgras; diese Funklerin pflegte jede Strofe sechs, sieben Mal hintereinander zu singen, ehe sie sich entschloß, die Skizze erst einmal stehen zu lassen; ohnehin würde sie später, am Nachmittag oder Morgen, es noch einmal anschaun und noch mehrere Abschriften machen. Der Gedanke an Abschluß und so etwas wie Herausgabe lag ferner; es hätte das Ende ihrer Entwürfe bedeutet. Wenig wahrscheinlich auch, daß sie bloß so zum Spaß sang; oder glaubt man, daß es ein Spaß sei, sich eine so verstockte Mühe zu machen um etwas, das keinerlei Zweck hat? Sie tats halt, um eine richtige Lerche zu sein. Obwohl sie darüber nicht länger nachgedacht hatte, das wußte sie schon, daß es gleich ist, ob Gott, der sie schuf, oder sie sang.

Der Wächter des Leuchtturms, der auch das Museum bewachte, also Marmorknaben und Lampen, machte sich selten die Mühe, zum Rechten des Leuchtturms zu sehen, denn er wohnte woanders; der Turm war von keinem Wurme bewohnt, die Spindelstiege stieg niemand. Zacharias, so hieß er, versicherte mir, die Mehrzahl der Dinge auf dieser Welt ginge nicht durch Gebrauch kaput, aber durch Putzen. So schonte er unseren Lichtkameraden. Doch er hatte die Tugend, alles über den Kranich, den Eisvogel, den Austernfischer, den Steinkauz, den Mittelmeerschmätzer und Wanderfalken zu wissen und sagte, am siebenten Oktober seien die Lerchen gekommen, aus Schweden, aus Finnland, und am achten frühmorgens, hundert Minuten vor Sonnenaufgang, seien sie aufgestiegen wie immer, ohne sich Ruhe oder irgend eine Zerstreuung zu gönnen, und so den ganzen Tag über bis hundert Minuten nach untergegangener Sonne. Ich stopte später die Zeiten, sie stimmten.

Schlafstunden, Wachstunden. Noch ist das Mehrbewußte der Nacht da, zärtliche Offenheiten, die sich bloß um den Preis der Schwäche herstellen, ungerufene Bilder. Gegen Morgen senkt sich gewöhnlich mein Zuversichtspiegel, Hoffnung gurgelt wie Regen das Fallrohr hinab, Zustrom Mut scheint gedrosselt. Farbe ist Hoffnung und Hoffnung ist Farbe; jetzt aber scheint die Welt aller Farbe beraubt, alles ist ohnefarben geworden wie Hülsen gestorbener

Kerfen. Last will zu Überlast werden; was bevorsteht, scheint unüberwindlich.
Noch immer kein Hellerwerden zu merken. Da fällt es dem Lerchenmann ein, einen ersten Vers auf die schwarze Schiefertafel zu setzen, dann viele. Gestirntes aufs Schwarze, seinen ersten Schub in die Schwäche. Auf die Schwäche Stärke gesetzt, Kraft aus der Lauge der Schwäche. Keiner hilft ihm, ein kleiner alleiniger Vogel, so nimmt er die Höhe direkt, nicht schräg, wie es praktischer wäre; unter ihm immer kleiner und kleiner die Insel und immer größer das Zinnmeer, und indem er die Eisenschwärze des Himmels aufreißt, Lied Schneidbrenner, sinken die schwarzen Kalotten zu beiden Seiten herab und versinken. Lichtspäne wie Regen, Funkengarben in Herzen.
Wem zugefunkt? Funksprüche? Sind es dieselben Verse wie gestern? Es geht schnell, sie sind nicht gemacht zum Aufbewahren und Merken. Aber wie dem auch sein mag. Wenig Unterschied, ob Einer den Glanz des Geschaffenen, den seligen, gräßlichen, durch immer neuen Vortrag desselben sehn läßt oder durch Vortrag von Neuem.

II Totenstadt

Pausanias, ein Tourist großen Namens, sonst eher kleiner Person, fand, daß die Insel zu seiner Zeit unbewohnt war. Das war unter den römischen Kaisern, in den Jahren des Marcus Aurelius etwa, des Philosophen auf dem Thron der Cäsaren, der tätig und siegreich war und dennoch ein Leben lang sich die Erschütterung bewahrte, die der Gedanke hervorrufen kann: *die Welt ein Vorbeizug*. Tätig und siegreich und immer von diesem Gedanken besessen: das gibt wohl das Zeug für eine Lieblingsgestalt. Dieser Pausanias also, auch stoisch gesonnen, ließ sich beim Anblick der leeren Insel von dem Gedanken ergreifen, alles was er so fleißig bereise und sehe und aufzuschreiben versuche, sei bloß ein Moment des Vorbeizugs. Denn ich weiß schon, so schrieb er, der Fürst dieser Welt liebt zu wälzen und immer was Neues auf die obere Seite zu bringen. Geschichte will immer alles auftrennen. Mykenai, einst Griechenlands Schwert, ist verödet. Theben, einst führend, ist eine Burgruine, sonst nichts, und von Babylon, das eine Weltstadt war, stehen noch zwecklose Mauern. Aber Alexandria, das sie erst gestern gegründet haben oder war es vorgestern, ist zu Volk und zu Begabung und Leben gekommen, so daß man dort das Gefühl hat, mitten im Wirbel zu sein: Augenzeuge, Zuschauer bei Ruhm, Gast eines Frühlings und Sommers. Wie da die Stunden sich längen und die Sonne scheint voller Jugend. Aber Delos, noch eben der große gemeinsame Markt aller grie-

chischen Länder, überladen mit heiligem Gold wie eine Schüssel mit Früchten, ist so arm geworden, daß es bloß noch so viel wie ein Privatmann besitzt, den man nicht einmal reich nennen könnte, und wenn man den Wachzug nicht rechnet, den die Athener Anstands halber noch hinschicken, weil halt die Heiligtümer noch stehen, so wäre die Gnadeninsel ausgestorben zu nennen, sogar die Klage darüber in weißen Gassen verhallt.
Keinerlei Klage also. Klage, warum auch. Die Welt ein Vorbeizug. Wie eine Kühle am Jochbein, am Schlaf und rückseits im Ohrenschatten den immerfort rieselnden Fortzug verrät. Wie alles Hinfall zuwinkt und zunickt und ausschwätzt und gar verspricht wie eine spätere Erfüllung. Ist es so traurig, daß alles sich wieder verbirgt? Verbergen ist bergen. Darüber zu klagen hätte auch nicht dem großen Herakleitos gefallen, den die Stoiker wie ihren Vater liebten und der doch gesagt hat: »Die Sonne jeden Tag jung.« Wem freilich die Sonne bloß ein Feuerball wäre, der abbrennt und den man erforschen kann, fotografieren, ermessen, unter Aufsicht stellen, in Dienst stellen was ihm an Triebkraft einwohnt, damit hergestellt werde, also stellen, stellen und stellen –: wem aber die Sonne das Licht ist, dem ist sie das Neue und Junge. Gestern noch nicht dagewesen: das eben ist Jugend und Licht.

Eine Toteninsel also muß es gewesen sein, was schon damals, schon zur Kaiserzeit, noch im Geheg der Antike, jener Pausanias sah. Er kam an, wie man heut zu Tag ankommt. Das Boot, von Mykonos her, bog ums Nordkap; bis dahin sah diese Insel aus wie alle anderen Inseln, braune und leere Gebirge. Dann war das Fahrzeug auf einmal umringt von vier Inseln, deren unübersichtliche Buchten den Eindruck von Seenhaftem erzeugten, fuhr ein in die Enge, fühlte Beruhigung, suchte den Einschlupf, gewann den heiligen Hafen. Was Pausanias nun sah und ohne Schuhe betrat, war im Zeugnis dem ähnlich, was Böcklin gemalt hat, als er das Urbild jener starren Kohorte von Bildern erfand, in denen sich nach ihm unser Jahrhundert ausgedrückt hat: Plätze mit Schwermut gewaschen. Straßen die leer geweht sind, Gärten wie Meergründe. Terrassen wie Watten, Kastelle in gläserne Kuben geschmolzen, danach erkaltet. Bahnhofshallen in Starrsucht und Opernhäuser versteint; Stadtmitten mit scharfen und unbeteiligten Vogelaugen gesehen, mit den Augen Max Ernsts. Solche Maler, Flutmeister der Trauer.

Das war also die Insel, die mit ihrem Namen *Die Aufscheinende* hieß. Jetzt war sie untergegangen. Eine Stadt in Tränenwasser getaucht, als ob sie von Werner Heldt gemalt wäre. Gipsweiße Würfel, wie sie überall auf den Inseln des Mittelmeers stehen, aber hohl. Mondweiße Kuppeln, die nichts mehr zu hüten hatten, nur den Verlust überwölbten. Ei-Schalen. Kaolinweiße Zellen, aber wo war ihr Honig? Leere Marktplätze, erbrochene Schatzkammern, geplünderte Banken. Die Magazine am Strand aufgerissen aufs Wasser. Dort ging es hinauf zum Theater, milchweiße Straße zwischen mehlweißen Hausmauern, kalkweiße Höfe, Mosaiken, Quellbrunnen. Vom Boot her konnte es aussehn als ob dieser Häuserberg eine Bienenfarm sei: Bienenkörbe die gebackenen und gezuckerten Kuben, Fluglöcher die gesprengten Haustüren. Wie es ausfuhr und einfuhr durch diese schattigen Ösen. Wie sie fort flogen und heim eilten, die gepanzerten Sammler, die fleißigen Kerfen, wie Geschosse geworfen, hin und wider die Schiffchen, immerfort nähend am Untergang, damit er vor Kennerblicken bestehe, damit sich erweise, daß er, auch er ein Meisterwerk sei.

So ging es mir, als ich nach so viel Jahren wieder nach Agnetendorf kam und doch nicht, denn ich fand bloß den Teichspiegel dessen, was ich in der Erinnerung hatte. Nicht so, als sei meine Reise nach Schlesien ein Gang zu den Schatten und als sei, was ich sah, schattenhaft leblos gewesen; es war vielmehr voller Leben, wie ich erzählen werde. Da war Leben genug, aber meins nicht. *Ich* war ausgestiegen, *ich* war Bürger eines Schattenreiches geworden, Mitinhaber von Schatten. Doch das gehört ja zum Leben. Das stellt sich schon früh ein, schon nach den ersten Verlusten; das bleibt und wird eine Unterstimme des Lebens, ohne die sind Menschen unleidlich.

Dabei wußte ich, was mir bevorstand. Dieses Torgatter, diese Klinke am Parktor, wie hätte sie noch dieselbe sein können; sie konnte ja bloß noch ein Griff sein, halt Gußeisen. Ehemals war sie mit Starkstrom und Bangen geladen. Ich denke doch, daß sie eine Paradiesestür war, für mich damals. Da aber Paradies nicht in der Richtung des Schlaraffenlands liegt, eher in Richtung der Hölle, so kann Paradiesesverweilung nie ohne Furcht sein. Paradies ist immer am Fuß einer Felswand, schreckliche Zuflucht. Und man müßte auch wissen, daß Paradies nicht irgendwo wartet. Paradiese sind viele, aber man täuscht sich, wenn man sie für dauerhaft hält; sie springen. Sie ereignen sich immer von neuem und immer fallen die Gatter.

Aber dann war das Eingangstor überhaupt nicht

mehr da, fort, beseitigt, verschwunden. Kein Zaun, kein Abstand; Einebnung. Links und rechts im Busch war noch Unaufgeräumtes vom Eisengitter zu sehn, aber der Torweg war offen. Eine Trampelstraße. Paradies aufgelöst. Ein Sonnenjahr, eine Lebenszeit, eine Weltsekunde vergangen.

Auch sah ich zu meiner Verwunderung, daß alles geschrumpft war. Jedermann kennt das. Man kommt nach Jahren in eine Stadt, in der man als Kind war, da sind alle Straßen kürzer und enger geworden. Die Plätze Puppenplätze und Handteller. Szenerien, die man zur Illustration von Lieblingstellen in Lieblingsromanen verwandt hat, sind eingegangen wie zu heiß gewaschene Wolle, abgesehen davon, daß sie allen Schimmers beraubt sind. Im Fall des Kinderlandes ists leicht, Gründe solchen Schwundes zu finden. Man ist halt gewachsen, sieht die Welt mehr von oben und sind nicht die Schritte seit Kindesbeinen länger, die Augen verwöhnter geworden? Was so Begründungen sind, für unsere gründesüchtigen Herzen. Aber seitdem ich diesen Park, diesen Eingang, dies Haus nicht gesehen hatte, war ich bestimmt nicht gewachsen. Anderes war also im Spiel, nicht Realien. Vordem war eben alles erfüllt, drängte, wollte sich dehnen. Jede Zelle von Freudenlymphe geschwellt. Voller Spannung, voll von Hoffnungslauge, voll vom Serum des Staunens: da ist jedes Ding größer. Nun, da keine Macht mehr da wohnte, die ängstigen konnte, sank alles in sich zusammen.

Träume, Verluste und Schatten. Dabei hatte ich gar nicht gewußt, solange ich dort war, daß es in gewissem Sinn mein Vaterhaus war. Nun war der Parkweg kürzer geworden und ich hätte geschworen, daß ich die Anzahl der Schritte vom Türgatter bis zum Hauseingang kenne. Sogar das Haus, obwohl es doch gar kein Talent zum Kleinwerden hatte mit seinen Türmen, Schmiedegittern, mit seinen granitenen Rustikaquadern, war etwas kleiner geworden, wie das Gesicht eines Kindes klein wird, wenns krank ist. Etwas krank war ja dieses Haus auch, ausgekernt, von seinem Hausherrn verlassen. Jedes alte Haus ist ein Behälter von Schwermut. Was gestern gewesen ist, das weiß niemand von denen, die heute über den Platz gehen; das Haus weiß es. Fortgang, Fortgang. Wohnen wir nicht fast alle in Häusern, die Andere unfreiwillig verließen, Eindringlinge also? Verdiener an Vertriebenen? Profitierer, Aufkäufer? Immer ist alles voll Zugereister und Fremder; schon wer länger lebt, wird zum Fremden.
Was ists, das zurückblieb? Ich fand, daß es dies war: er hat Gewissen verändert, der Hausherr. Daß auch das Gewissen der Änderung bedarf, davon muß Theologie ausgehn. Nicht beständig, nicht zuverlässig, muß Gewissen immerfort umgewälzt werden, schon weil Gewissen, unverändert, sich panzert und verhärtet eben kein Gewissen mehr ist. Da Fantasie zu Gewissensänderung gehört, ist sie Dichtergeschäft und Dichterauflage. Das größte und schwerste, seltenste Dichtergeschäft.

Nicht Mitleid war es, was er geweckt hat, aber Gewissen. Die Weber, das Hannele: daß in diesem schwächsten Geschöpf soviel Kraft war. Soviel Mut, soviel Anruf. Das gepanzerte Bürgergewissen zu sprengen. Und Florian Geyers schwarze Fahne über den Schwachsinn der Geschichte gesenkt, die das, was sie selber schon in die Abstellkammer gebracht hat, wiedervorholt, noch einmal zum Triumph führt. Und das Neue, das sie doch selber hervorgelockt hat, erstickt sie in Blut und in Tränen. Diese Schwäche fürs Plumpe und Dumme. Diese Vorliebe, Überholtes mit Siegerkränzen zu kränzen. Und Emanuel Quint, begnadet, Ärgernis zu erregen ohne es im geringsten zu wollen. Wenn Ärgernisse gewollt sind, das ist bloß die Fälschung davon, bloß die banale Dublette. Aber dies ärgern, ohne es mindest zu wollen, dieses Anhaften von Ärgernis einen ganzen Lebensweg lang, diesen Schimmer kann man am Quint sehn.

So trat ich ein. Da der Haupteingang über die Granittreppe sich als verschlossen erwies, die Haustür sogar mit Balken festgemacht war, mußte ich es beim Wirtschaftseingang versuchen. Da war offen; Gewese drunten im Keller. Links lief die steinerne Wendeltreppe hinauf; ich ging bis zum Munde in Wasser, das aus geschmolzenen Träumen bestand, schwerem Wasser, Schneewasser. Ich ging hinein und hinauf, ohne zu fragen oder auf jemand zu warten, so einfach ist das dann eben. Die eichene Tür zum Eßzimmer, Trinkzimmer. Hölzernes Zimmer, tausend Abende, Nächte, berauschte Zelle, Wabe von Harz und von Honig gefüllt. Venezianischer Leuchter über dem Eßtisch, Pippas Glashütte. Überheizter Kachelofen, Holzscheiter, die Seemannsuhr mit den Schiffen, die der Pendelschlag schwanken ließ, Kapitänsuhr, spät, wenn die Stürme vorbei sind. Ich hielt noch immer die Klinke.

Ich drückte, das ging alles schneller, öffnete: Kinderbetten. Zehn Kinderbetten, das ganze Zimmer gefüllt, drei mal drei und ein zehntes Bett extra; zehn saubere, ausgerichtete Betten, rosa Paspeln, Mädchennachthemden. Ein Buch, ein Kamm auf dem Stuhl, da und da irgend ein Habchen.

Ich kann nicht sagen, daß ich es wahrnahm, ich vermerkte es eben. Nimm Kraft aus Verlusten. Im unteren Turmzimmer, das ich mir in den sechzehn Jahren tausendmal vorgestellt hatte, die zwei Wandschränke, in denen das Angefangene lag: Zukunftspläne, Pläne mit Fünfundsiebzig, Entwürfe, Risse ins Nieversuchte hinein, der Kamin, vor dem sitzend der Alte die Terzinen des Großen Traums diktiert hatte –: Kinderbetten. Im oberen Turmzimmer, dem Arbeitszimmer, das vordem mit tausend, zweitausend Sachen vollgestopft war, Globen, Bücher und Eulen, und der winzige Schreibtisch, an dem nie geschrieben wurde, wieso auch, da Feindschaft zu Schreibzeug, Papier und Tinte bestand, von jeher alles gesprochen –: leer, Kinderbetten. Im Frühstückszimmer, in Frau Hauptmanns Zimmern und ganz droben, wo ich am eingewohntesten war –: Kinderbetten in Reihen, vierundachtzig im ganzen, und als ich das letzte Zimmer meines Traumgangs betrat, auf mir bekanntem Schlafplatz ein fieberndes Mädchen, kranker Spatz, Krankenzimmer, und auf einmal fremder Besuch auf dem Bettrand, kein Wort Polnisch, unverständliche Zurede, abgenötigtes Lächeln.

Nicht schwer, einen Vers auf das alles zu machen, bald auch bekamen wir alles erklärt. Immer acht Wochen Buben, dann acht Wochen Mädchen, aus Warschau, denen die Zeit im Bergschloß eine Märchenzeit war. So wars wohl das Beste; man mußte es loben, sofern man loben kann, was geschieht. Was hätte man sonst machen sollen mit so einem Haus, das ausgeräumt war. Einem polnischen Dichter hatte mans angeboten als Wohnhaus, aber warum sollte der denn aus Warschau, wo er zu Haus war, in ein Gebirg ziehen, das von Vertriebenen, Heimwehkranken bewohnt war; die neuen und unfreiwilligen Schlesier waren ja selber vertrieben aus der Gegend von Lemberg und sprachen mit Sehnsucht von dort. So schrieb der polnische Dichter: er danke und übrigens sei er nicht groß genug für die Ehre, und wiederum auch nicht so klein, um einfach so ins Gehäuse eines Fortgegangenen zu schlüpfen. Eine gute und stolze, eine polnische Antwort. Also was war zu machen? Das Land war ja arm, wenn schon es seiner Natur nach im Wohlstand hätte sein können, und das Volk darbte, da es das schlechteste Wirtschaftsystem von der Welt, das mittelalterliche der

Grundherren, gegen das zweitschlechteste von der Welt eingetauscht hatte. Da war es zu loben und unter allen Möglichkeiten die beste, etwas ganz anderes mit diesem Hause zu machen. Etwas Neues. Kinder. Vielleicht hatten sie etwas davon läuten gehört, hier habe ein alter Dichter, der sicher sehr reich war, ein Dramenschreiber gehaust. Aber als der zu leben aufhörte, hatte ihr Leben noch gar nicht begonnen, es war also lang her. Es war irgendwann in der grauen Vorzeit gewesen, denn die Welt fängt mit Jedes Geburt an.

Also denn: neue Puppen auf das Theater, in die Puppenkiste die alten. Seinen Fundus musternd, hatte der Direktor sich zu einem radikalen Wechsel der Szene entschlossen: gänzlich andere Puppen, rotwangige, zierliche, frische. Jetzt Kinder, unschuldige, wie man so sagt, wohl zu Unrecht, denn es gibt keine schuldlosen Kinder. Was geboren wird, wird zur Schuld geboren; es wird keine Unschuld geboren; allenfalls Solche, denen Schuld noch nicht angerechnet wird, Entschuldigte also. Allenfalls Solche, die noch nicht an Schuld glauben, noch nicht von Schuld Übermannte. So war ihnen längst vergangene Vorzeit, daß man jammernde Kinder auf Lastwagen trieb und mit Auspuffgasen erstickte, die ein bedrückter Landser, vielleicht, vorn im Fahrhaus erzeugte. Und Wickelkinder, von den Schwarzen aus den Mutterarmen gerissen, an den Füßchen geschwungen und gegen die Hauswand geschmettert, und Handgranaten in Verwundetenkeller. Alles Vorzeitgeschichten. Dergleichen geschah jetzt nicht mehr; die Welt war jetzt nicht mehr so dumm und so schlecht wie die alte. Alle Räuber gehenkt, alle Hexen in Öfen geschoben und Hänsel und Gretel sind froh.

Ein wenig nach Lysol roch es freilich im Haus, wie es halt riecht in östlichen Ländern in Eisenbahnen und Schulen. Und die schönen Bäder waren nicht mehr, dafür eine Menge eiliger Kinderaborte. Und im Keller, wo zuvor das Archiv war, eine Duschanlage mit Kleidergestellen und Handtüchern; dagegen war nichts zu sagen. Schlimm im gesamten Hause die Farben, bedrückend, weil Farben Bekenntnisse sind; Zimmerwände in einem mannstollen Rosa, dann wieder ein Lila, das fein tat, ein denunzierendes, eiterndes Giftgrün, ein Gelb wie aus Hammelurin. Und den ärgsten Schock gab das Schlafzimmer. Dieser kleine Raum im oberen Stockwerk, den vordem kaum einer der vielen Besucher des Hauses, und wenn, nur verlegen betrat, Zelle des Träumers, von schwarzen Sonnen erhellte, schlafloser Schlafraum, der mit Ängsten, Alpträumen, Ahnungen, antwortlosen Fragen gefüllt war: im Lauf der Jahrzehnte hatten die Wände sich mit Zeilen bedeckt, nächtlichen Stoßgebeten und Trosten, auch Sätzen von Anderen. Das konnte den neuen Bewohnern nichts sagen; eine verkritzelte Wand eben. So wurde der Raum, der jetzt das Büro war, Ordner und billiger Schreibtisch, gestrichen mit

einem leimigen, unbelehrbaren Gelbbraun, muffig wie ein Behördenbescheid, eine Wachtstube. Und schon war es, als ob diese Zelle niemals etwas gewußt habe.
Da konnte man leicht den Glauben verlieren, der doch uralt ist und unverzichtbar: daß Geist, Geister, die einem Ort angebannt sind, eine Macht seien und hilfreich. Woran sonst auch sollen wir Kinder der Erde uns halten? Erinnerung ist immer verortet. Glück ist örtlich und Leiden ist örtlich, gern haftet Andacht an Plätzen. Selber der Einfall liebt, wo er sich hingewohnt hat und das reine Denken verschmäht nicht, sich zu verorten, im Oberengadin, in Görlitz, im Schwarzwald. Also, worauf sollen wir uns verlassen, wir sind doch Kinder der Erde? Wodurch den Himmel ansaugen? Wodurch schauen, wenn nicht durch die farbigen Gläser aus Erde?

Da kamen sie ja. Zwei und zwei, den Parkweg herauf. Weiter drunten nämlich hatte man einen schnellen Flachbau als Schulbau errichtet. Jetzt war wohl die Schule zu Ende, Mittag. Der Lehrer. Aufgestellt in der Halle, Gäste aus Deutschland, früher hier gewesen, der große Dichter, ihr wißt es. Und nun ein Lied für die Herrschaft, welches wollt ihr. Finger, Kichern, eine Hand vor dem halben Gesicht, Schultern in die Höhe gezogen und im zweiten Glied irgendwo, damit der Blick dorthin falle, ein Quietschen. Das Lied vom Warschauer Schuster. Fünf

Strofen, und immer der Kehrreim trep-trep-trep, der Schusterhammer; gab es den noch in Warschau? Und der strahlende Herbsttag, braunes Eichenlaubwerk von draußen: so war es auf einmal wie vordem bei einem Geburtstag, November war ohnehin bald. Wirklich-unwirklich, wie wenn die Agnetendorfer Schule mit ihrem Lehrer heraufkam. Aufgestellt in der Halle, freundliche Worte, und nun ein Lied dem Berühmten, von dem man nie wußte, wie das Dorf eigentlich über ihn dachte, vielleicht gar nicht, da er halbe Jahre und länger nicht da war.

So wars eine Wiederkehr des Gleichen, oder vielmehr des völlig Ungleichen, das sich wunderlich gleicher Formen bedient. Da konnte man lernen, daß niemals Wiederkehr ist, es sei denn im völlig Ungleichen. Das Gleiche, dessen Wiederkehr man erwartet, kommt, wenn es kommt, anders; käme es so wie es kam, so wäre es nicht mehr es selber, es fehlte der unerwartete Auftritt. Dann fehlte der Stoß, das Befremden, Tappen im Kammnebel, das jähe Davorstehn, es fehlte, was Schwierigkeit macht. Es fehlte also sein Bestes.

Aber die Schneegrubenbaude saß noch wie damals dem Kamm auf, Froschkönig, Krötenkönig, fantastisch. Und der Hang des Gebirges, wie immer triefend, rinnend von Wasser, glühende Herbstwälder. Kein Mensch viele Stunden, Wege, die niemand mehr geht, weil alle fluchend auf den großen Straßen wetteifern, wer sein Leben billiger feilhält. Herbstliches Riesengebirg. Bald wird dich niemand mehr kennen. Immer Wenigere, die wissen, wovon man spricht, Gebirg mit dem Riesenabhang, dessen Talblick flaschengrün ist. Land, das sich herbiegt. Weiße Kornfelder. Als die Felder weiß wurden.

Bergwege, uralte Schmugglerwege nach Böhmen, später Fluchtwege aus Deutschland. Querwege, wie sie Emanuel Quint ging, der im Widergang ging, welcher andere Gang lohnte.

Perdere foelix. Beim Austritt des Waldwegs der Talschluß, die gestreuten Bauernhäuser und Sommerhäuser, Holzfeuer. Blaue Rauchstangen, an denen das liebe Dorf am Himmel aufgehängt war wie Luftschaukeln an eisernen Stangen. Ein Tag wie ein Dukaten. Neapelgelber Zweig einer Birke, von der Sonnenschräge zum Aufschein gebracht, das ist der Rückzug des Fests in die Dinge. Was früher die Schleppe und bloß das Mitgenommene war, am Ende hütet es treuer.

Perdere foelix. Die Nonnen von Maria Stern zu Augsburg sangen: Glückliche Schuld, in dich fiel ich, rettende Schuld, foelix culpa. Öffnung nach oben, Rohr in die Tiefe getrieben, wodurch sich das Licht des Himmels erblickt. Es ist eine tausendjährige Hymne, deren Kehrreim die Schuld preist.

Nimm auch Kraft aus Verlusten. Perdere foelix. Auch Verluste, indem sie berauben, lassen etwas, das vorher nicht da war, zurück. Verluste sind Linsen, durch welche man schärfer erblickt. Sei beschenkt aus Verlusten, nimm Gewinn aus Entzügen; Besitz schenkt selten, was man sich von ihm verspricht. Auch verlieren ist göttlich. Es ist freilich nur halblaut zu sagen, denn vor Verlieren zittern wir alle, es wird schrecklich sein, zu verlieren: perdere foelix.

Zur Zeit jenes letzten antiken Berichtes über das Schicksal der Insel war ihr Verfall schon im Gang. Da war es mit ihr schon gekommen wie man es auf einer Bronze von Giacometti sehn kann, wo Männer gehen und einer von ihnen, der einige Schritte zurückblieb, steht schon bis zum Brustbein im Boden.

Danach kam kein Bericht mehr über Jahrhunderte hin. So ein Hingang ist zeugenlos, nicht einmal beschwiegen; da müßte ja Einer dasein, der Kenntnis nähme und schwiege.

Der Wind tut das Seine, das Sandstrahlgebläse. Wohnraum muß zugeweht werden. Auch sonst helfen alle. Von leisem Eifer wird alles hinuntergezogen, was sich hervortat. Grünes wächst aus der Tiefe, schafft Stoffe herauf, lädt ab, es ist eine ununterbrochene Bestattung. Maulwürfe, Regenwürmer sind unaufhörlich am Werk, Unteres nach oben zu schaffen, Blattwerk hinunter zu ziehen, trichterförmig gefältet, es stemmt sich, bleibt halben Wegs stecken. Niemand sieht es, niemand mißt den Verfall. Zugvögel höchstens konnten den jährlichen Fortgang ermessen, da sie im Herbst und im Frühjahr die Inselbrücke befahren und ausspähn und da ihr Gedächtnis über Geschlechterfolgen hinweg die Genauigkeiten des Erdbilds wie ein Archivfilm bewahrt. Aber Vogelaugen wissen zu spähn und zu schweigen.

So kam die Inselstadt mühsam voran und plagte

sich sehr, die Fleißarbeit ihrer Beendigung niederzuschreiben. Das ging wie wenn man im Sand liegt. Sonnensturm geht von der See her, es ist heiß und es blendet, man blinzelt bloß einen schläfrigen Meter vor sich. Der Sandbau, den man vorhin gemacht hat, zerrieselt. Ein lautloser Einsturz. Wie das arbeitet. Wächten brechen, Kare entstehen. Erker stemmen sich noch, halten länger als ihnen zukommt, manches klebt durch die Feuchte, hält sich durch Salz und Chloride. Das ist die Sanduhr, die ohne Sense und Totenkopf auskommt und ohne die Schwermut. Man muß sich nur wundern, wie lange das dauert; auch Auflösung braucht ihre Entschlüsse, ihre Tatkräfte. Unterhöhltes, das keinerlei Statik mehr hat, sollte seine Lage längst ändern, schiebt noch die Lust des Zusammenfalles hinaus, endlich entlädt sichs. Man müßte doch blind sein, wenn man die Lust nicht bemerkte. Wie es sich sammelt, wie es sich aufstaut, bis es sich endlich quittiert. Wie es dann aufatmet. Lust des Hervortritts und Lust des Vergangs: versteht es doch endlich, daß es dieselbe Lust ist, lernt es doch endlich.

III

Es ist ein bißchen wie in Afrika hier, wie in Gefangenschaftszeiten. Dieses Zimmer ist nicht viel mehr als eine Gefangenenzelle, aber im Fenster ist Lichtblau. Ich kam vor Wochen in einem Boot, das Herr Ruchos steuerte mit einer Hand wie die Fünffingerbrote Picassos. Also es gibt sie. Es war gut, von einer solchen Hand gesteuert zu werden, denn das Meer war heftig und wir bekamen Spritzwasser; der nördliche Sommerwind ging schon. Herr Ruchos hatte einen sehr guten Matrosen, seine Tochter. Es war die zweite von vieren, wie er mir sagte; einen Sohn habe ihm das Geschick nicht gegönnt. Wozu auch, meinte ich, da er dies Glanzstück Katherini besitze. Er wiegte. Sie hatte black jeans an, die voll altem Öl waren, so daß sie nachts gewiß die Hohlform von Katherini darboten, wie manche Bildhauer Kern und Schale zusammen abbilden, dazu einen Pullover von versessenem Rot, und wie sie ihn füllte, schwarze Zottelhaare, die der Wind schlug, grüne Wolfslichter. Sie setzte das Segel und verhandelte mit dem mürrischen Motor getreu den Befehlen des Vaters, zu dem sie aufsah, aus Grünschlitzen.

Auf einmal war ein fantastischer Heuschreck an Bord, sprang hierhin und dorthin und setzte sich an mich. Ich bewunderte die komplizierte Apparatur, das grüne Gestänge, den Mähdrescher, da ergriff Katherini den Schwirrer und schmiß ihn ins Meer. »Ich glaube, so macht sies auch mit den Männern«,

sagte ich zum Vater. Der, da er sie sicherlich gerne verheiraten wollte, vier Töchter, war von der Bemerkung über die Maßen erfreut; ich sah, ich hatte ein Thema getroffen.
Diese Beiden sollten also für eine Weile meine Verbindung zur Welt sein.

ETESIEN

Der Sommersturm der Aigais. Lange hörte ich von ihm, jetzt weht er. Ich habe ihn mir sehr kräftig gedacht, er ist aber kräftiger. Wenn er weht, richtet sich alles Leben nach ihm. Keine Wolke kann sich dann halten, der Himmel ist gläsern, es müßte eigentlich heiß sein, aber wenn die Luft heiß werden könnte, ist sie schon wieder wo anders. So kann Hitze nicht aufkommen.
Immerwährendes Blasen. Es weht nicht in Stößen, es ist ein ununterbrochenes Ziehen, als sei weit im Süden ungeheuerer Bedarf und stillte sich Tage und Wochen aus Norden. Sogar abends, wenn man auf der Terrasse sitzt, tuten die halbausgetrunkenen Flaschen; ich fragte, ob noch ein Schiff komme. Alles knattert und rattert, die Türen, die Fenster. Ja wenn man die Fenster feststellen könnte. Aber links fehlt am Flügel der Haken und rechts fehlt die Öse, so ist das hier immer gewesen.
Alles ist waagrecht, auch auf der Leine die Wäsche. Auch beim Popen, der neulich da war, stand der Bart waagrecht. Papiere im Zimmer befinden sich

immer in Schwebe, daran muß man sich eben gewöhnen, es wäre am besten, auf schwebende Blätter wie an einem Stehpult zu schreiben.

Das Meer ist schwarzblau und zornig. Die weißen Kämme fallen nicht erst zusammen, der Sturm zieht sie strähnig in die Wellensenke hinab und gleich wieder zur zweiten Wellenkrone hinauf, es gibt hexenhaft lange Figuren.

Ich kann mir schon denken, daß jemand in solchen Figuren so etwas wie Meergötter sähe, Nereiden. Aber das wären Gelehrtengottheiten, Spielgötter. Wie so vieles aus der Antike, mit dem wir Tag täglich, aber nur spielerisch umgehn. Nicht auszudenken, wie uns das zugesetzt haben muß. Schwärmereien, von gelehrten Schwärmern geschwärmt, die nie, nie auf den Einfall gerieten, das auch zu leben. Unverbindliche Rückblicke, leere Liebschaften, durch die Jahrhunderte hin. Blut genug hätten solche Götter getrunken, unseres, sind aber doch nicht zu Leben gekommen, nie Nothelfer, nie Retter. Denn Göttern genügt getrunkenes dunkelrot dickes, quellendes Blut nicht, es muß hellrotes, vor Angst in Stößen springendes sein.

KLARSICHT

Am Abend, als ich getrunken hatte, erschien der Riesenheuschreck mir wieder. Er war also gar nicht ersoffen. Jetzt war er ins Fahrrad des kleinen Aleko geschlüpft, das am Pfeiler lehnte, unterhalb der Terrasse. Er besaß nun zwei Augen, die Schnüre der Gangschaltung als Fühler, ein Gehörn aus Lenkstange. Den Starrblick, mit dem er mich aus den zwei Fahrradklingeln fixierte, hielt er, bis ich ihn wiedererkannte. Er besaß auch ein Windrad, das schwirrte.

LIEBESPAARE

Es ist immer zu hören, die Insel sei dem Apollon heilig, doch scheint es sich eher um Aphrodite zu handeln, denn sie wird eifrig von Liebespaaren beflogen. Es ist Liebesmode, in der Aigais von Insel zu Insel zu hüpfen, auf Nußschalen, dahin und dorthin. An den Altertümern liegt diesen Seefahrern wenig; sie sind die Einzigen, die nicht als Besichtiger kommen, vielmehr ideell, wenn man die Dinge so sehen darf. Es ist nicht ersichtlich, wann und wie sie ankommen; auf einmal steht da ein Zeltchen und zittert, und dann plötzlich nicht mehr. Es sind junge Dänen und Schweden, Engländer, Österreicher, Franzosen und was sonst; die Mädchen sind siebzehn und achtzehn und die Jungen nicht älter; der Wirt sagt, er habe schon Mündige feststellen können. Er schätzt diese Gattung und schätzt sie auch wiederum nicht. Wegen der Altertümer, so sagt er, sei noch nie jemand länger als drei Tage auf der Insel geblieben, aber wegen der Liebe. Indessen, die Erotevmeni besitzen nicht viel, und was sie besitzen, ihre Jugend, interessiert unsern Wirt nicht. Seinetwegen könnten Agamemnon, Kaiser Konstantin und Hemingway Arm in Arm die Antigonos-Halle entlang durch die Sommernacht die sechs Stufen zu seinem Schank heraufkommen und an den plastikgedeckten Tischchen auf den Marterstühlen Platz nehmen im Schein unserer mückenverhangenen Birne, er sähe nichts als die splitternackte Zahlkraft in ihnen, sofort, bar diesen Abend. Wer kommt, der ist selbst schuld, das ist die Überzeugung des Wirts; er hat sich von seinem Beruf die ungebrochene Auffassung von einem Meerengenpasser bewahrt.

Von den Jungen ist für ihn nicht viel zu gewinnen. Sie pflegen nicht einmal zu trinken. Sie zeigen wohl Hunger, auf den Geschmack des Weines aber werden sie später erst kommen. Die holländischen Mädchen sind still, ihre Jungen noch stiller und die Engländer stiller als beide. Die schwedischen Mädchen sind kecker und die französischen fertig mit siebzehn. Diese sind weitaus die besten. Sie sind sicher in den von ihnen erfundenen Sitten, praktisch, bestellen und ordnen und regeln alles am Tisch, ohne Anstrengung, und werden am besten bedient. Gestern abend lachte Eine den ganzen Abend ihren Jungen an oder aus, es war mir nicht deutlich, und ihm vielleicht auch nicht. Ein Wickelzopf hing ihr unbekümmert über Hals und Schulter herein, sie hatte die Arme auf die Plastikdecke des Tisches gelegt und den Kopf auf den einen, sah schräg zu ihrem Jungen hinauf und lachte zwerchfellnahe, warme, überlegene Wellen in Abenddunkel und Mücken.

Es kann nicht ausbleiben, daß die Anwesenheit so

vieler Verliebten die kleine Insel mit einer Art Zukkerguß überzieht. Doch davon ahnen die Liebenden selbst nichts, denn so viel machen sie sich auch wieder nicht aus der Liebe.

Diese Inseln: Tonscherben, gebrannt und zerbrochen. Kahl wie die Schädel. Weise geworden; was bleibt Einem übrig? Sie sind froh, daß sie es hinter sich haben. Jetzt sind sie daraufgekommen: unter der Geschichte durchlaufen, das ist noch das Beste. Der Engel Geschichte hat abgelassen von ihnen, da sind sie einen Plagegeist losgeworden. Viel gewonnen, wenn man lebt, ohne zu Ehren zu kommen.

So ein Abend. Nichts als der gegenstandslose Himmel ist da, Leeres. Junger Mond, fünf, sechs Sterne, etwas geschmolzener Meerglanz. Nichts, was nicht wo anders auch zu haben sein möchte. Wie kommts, daß das hier so voll Glück ist?

INSELGEBIRGE

Das Licht ist hier alles. Ein aufgegangener Fallschirm, und die kleine Insel hängt wie eine Luftfracht daran. Aber wenn man so eine Insel ausgehen will: Berge, Felsenwände ins Meer, Steinfluren, hundert Mauern aus granitenen Blöcken geschichtet, man muß übersteigen, aber aufpassen, daß sie nicht einfallen, und wenn man sie gegen das Licht und das Meer sieht, sind sie wie Spitze und Netzwerk. Kaum Wege. Man braucht Wochen, bis man so eine kleine Insel ganz ausging. Aber das ist mir ganz recht so. Das Flachland ist mir zu strategisch. Meine Sätze sind auch die von einem Gebirgler.

DAS UNVERBORGENE

Da meint man, man habe die geografische Karte im Kopf und diese Inseln seien so, wie sie die Landkarte ausweist: alles festgelegt, alles nach Länge und Breite und Höhe vermessen, alles aufgenommen, bewiesen. Aber dann kommt man und sieht: so sind sie ja gar nicht. Sie sind eben nicht, wie sie sind, nicht festgelegt, nicht bewiesen, vielmehr in einem fort andere. Ihr Geheimnis ist, immer in einem Hervortritt zu sein. Immer erscheinend. Aufgehend wie etwas im Saatbeet, das die Erde über sich aufwölbt. Wenn man zwischen ihnen hindurch fährt, kann man leicht sehen, wie ihnen daranliegt, sich ununterbrochen zu ändern, immerfort neue zu sein. Sie sind ja Gebirge. Wer in Gebirgen daheim ist, weiß, wie sich die Formen während eines Aufstiegs verändern; ehe man nicht auf dem Gipfel steht, weiß man nie, ist es auch wirklich der Gipfel? Erst schienen andere höher. Hier bei den Inseln kommen die Buchten dazu, Einzüge, Vorschübe; oft kann eine Nachbarinsel näher sein als ein Vorgebirge der eigenen. Manchmal sieht eine Bucht wie ein See aus.

Hier kommt man nie an und immer. Diese Inseln: wie aus dem Meer ausgetrieben. Ganz dünnschalig waren sie heute. Ihre Zeit ist frühmorgens und gegen Abend, wenn das Licht im kleinen Winkel wie Rampenlicht einfällt, sie anhebt und sie bewundert. Wenn man dann gegen Attika, gegen Sunion fährt, können sie braun sein, wie irden. Dann ist man versucht, an sie wie an einen Tontopf zu klopfen, ob er auch Spannung habe und klinge. Sie bezeugen die Sonne, in der sie gebrannt sind; wie Ton scheinen sie Wassertropfen zu schlucken. Jetzt aber ist Kühle. Das Meer, das sie austrieb, ist abgeglitten von ihnen; nun dringen die Strahlen der schrägen Sonne in jeden der zehntausend Wellenhügel zugleich mit dem Blick ein: das muß die Geburt des Emails von Byzanz sein, das war der Einfall. Das war die Eingebung: Glasschmelz in tausend Zellen zu bringen und Licht und Auge dringen zugleich ein und gleich tief.

Nur das Braune der Inseln ist da und das tintige Meerblau, nichts weiter. Die Welt nur aus diesen beiden Stoffen gemacht: gläsern und tönern. Einmal sollte es sein, daß irgendwo Reines gezeigt wird. wie wahr alles sein könnte. Immer im Aufschein. Der Himmel ein Glassturz. Auch er, wenn man ihn mit dem Finger berührte, müßte als Ganzes erklingen, wie alles, was im Feuer verflüssigt oder gebrannt ist, erhärtet, ein wenig zurückgeht und spannt.

IV

Hinterm Haus ein fantastischer Hügel, Granitblöcke. Granit: wie das diese Insel auszeichnet und wie selten das am Mittelmeer ist, das sonst doch allenthalben den karstigen Kalk hat. Und hier solche Urzeitkiesel. So rauhhäutige gestrandete Wale.
Mittag. Wie ich in den Glanz starrte, ins Lichtgestöber, auf den Sonnenteller aus Wellen, war Nacht. Überlicht stürzte in Schwärze. Die schwarze Sonne war da.
Ein Käuzchen, das aufgewacht war, schrie zehn, zwölf klägliche Schreie, Holzbläser, bemerkte dann seinen Irrtum, sank wieder in Tagschlaf.
Stille, nur das Gebläse des Nordwinds. Nichts rührte sich, kein Ölbaum, der rauschen konnte in dieser totalen Versteppung, kein Bach in dieser Verwüstung. Die Sonne verhielt vor dem Umsprung. Der würde kommen, doch jetzt nicht. Meint man, der Mittag sei Umkehr? Das stimmt nicht, er denkt nicht an Umkehr, niemals ist Umkehr so fern. Mittag will nirgendwohin. Besäßen wir Uhren, die richtig gehn, anstatt unserer Häckselmaschinen, so würden sie stillstehn am Mittag, oder auf einmal hinschwinden, verlöschen, und unsere Hand bliebe leer. Mittag weiß nicht, was Uhr ist.
Das ist es, was unsere Schleuderzeit haßt, ein Haß, der als Haß noch gehaßt wird. Unsere Zeit, die bloß fortwill, bloß wegwill, die so viele Verschweigungen aufhebt, um alle Kraft der Verschweigung darauf sammeln zu können, daß nur ja niemand frage: wo-

zu diese Schleuder? wozu dieser rasende Fortsturz? wozu Zeit, in die so viel Keinezeit eingebaut ist, wozu so viel Raum aus dem Weltenfenster geworfen? Wozu aus Sternenwelten unverwandelte Rückkehr? Mittag trägt alle Stunden im Leib, aus der Mutter kommen sie alle.

PATRIARCHENWEISHEIT

Da zog was den Hügel herauf. Ein kleines Mädchen, eins von den siebenundzwanzig Inselbewohnern, trieb vier Kitzen. Barfuß, mit Zöpfen, unterhielt sie sich mit den Vieren, bis sie mich sah, änderte dann ihre Richtung, bog doch wieder näher, pflanzte sich mitten ins Gras. Erdbraune Beine. Die Vier standen um sie herum, wartend was jetzt kam.

Ich warb um die Gunst dieses Fünfblatts. Erst las ich weiter, dann begann ich ein kleines Gespräch. Die Kitzen waren zweimal zwei Zwillingsgeschwister, das eine Paar sieben, das andere schon neun Tage lang auf dieser erstaunlichen Welt. Alle vier Weiblein. Das war das schlimmste und das war das bravste. Das bravste schien leider auch das schwächste zu sein; Schwäche, nicht Tugend. Wies halt so zugeht. Es dämmerte öfters im Stehen ein oder im Schoß seiner Hirtin. Es war zu kurz weggekommen.

Da waren die anderen schon reger. Erst standen sie still und senkten die Köpfe, die Ohren schlappten übers Gesicht und die Augen, dann überkam sie das

Hopsen, sie schnellten wie Federbälle dahin. Bernsteinhüfchen klopften den Stein, und Meckersopran. Dann waren die kleinen Kräfte erschöpft, sie standen auf ihren vier Stecken, mußten warten, bis neue Kraft einzog. Allen vier Bäuchen hing noch die trokkene Nabelschnur an.

Ich bekam eines von ihnen zu fassen. Wie reinlich alles, das Mäulchen und was da noch war, alles paßfest geschlossen und rosa. Alles kreatürlich und frisch, alles heil mitbekommen, alles erst einmal in Ordnung. Wie bald ist Abbau, Verfall. Erst alles heil, bevor es durch Mißbrauch und Unglück, Dummheit, Vielfraß und Armut häßlich und krumm und fett, bleich, steif und ungelenk wird. Wenn sich das erst einmal aufgebaut hat, beginnt auch schon Alterung; bei unsereinem kommt das so um das einundzwanzigste Jahr, beginnend bei Zähnen und Haaren, da eine Falte, dort eine lokale Verfettung, unübersehbare Zeichen. Was Einer im Leben erreicht, wird auf dem Rückweg gewonnen, auf dem Rückzug, beim Abstieg. Das Mögliche kommt bloß aus Stundung.

Davon war hier noch nicht die Rede. Das Fellchen, wie roch es nach Sonne; Waldblöße am Mittag, Himbeergebüsch, Fingerhut, Ruchgras. Wie eben Kinderhaar riecht. So pures Leben in Händen zu halten, welcher Beweisgrund; wiegt alle gegenteiligen auf. Die biblischen Urväter wußten, warum sie sich bei Jahren, so um die Siebzig und Achtzig, gern noch was Kleines erzeugten; Feuerwein ihres Alters. In Sachen Zeugung, in Kinder- und Kindeskinderwesen erfahren, empfahl ihnen Weisheit, sich dann einen Zuspruch zu schaffen, wenn er am nötigsten war; zwanzig und dreißig Jahre trösten sich anders und selber. Schließlich, Jeder muß wissen: das Höchste, wozu man es bringen kann, worauf Anstrengung, Vorsicht und alles Bitten hinausläuft, ist doch, der Melancholie zu entgehn. Mag man die Hauptsünde Schwäche, Langeweile oder Zerstreuung, Ungesundheit oder Gottverlassenheit nennen, sie bleibt doch das Böse. Also, was ihr abgewonnen, der Freude zugelegt wird, das muß schon recht sein.

Die Nachbarinsel ist nah, das Ruderboot stößt in zwanzig Minuten hinüber. Doch das wünscht sich selten ein Fremder und ein Grieche noch seltener. Zwar diese Insel ist fünfmal größer als Delos, aber unbegabt, dürftig. Nie kam sie daran im Kursus der langen Geschichte, nie wollte man etwas von ihr. Menschenleer, gottverlassen wird sie gemieden, immer bloß war sie die Andere. Wünscht man hinübergefahren zu werden, so hört man: Was wollen Sie dort? Nichts zu sehen, Steine. Ein paar hundert ausgeplünderte Gräber. Hat man es durchgesetzt, ein Boot gefunden, ist hinübergelangt, so heißt es: Und wann fahren wir wieder zurück? Hier ist eben Ausland. Die fünfmal kleinere Insel ist eine Mitte, zieht, dort ist man offensichtlich zu Hause. Die große war immer Exil.

Verrufene Worte: Aussiedlung, Vertreibung, Exil. Nämlich, eines Tags mußten, auf des Gottes unwidersprochenen Befehl, alle Gräber auf Delos ausgeleert werden. Was sich darin fand an Beinen und Totengeschenken, mußte fortgeschafft werden; der Lichtgott hatte nichts vor mit Gräbern und Höhlen, nichts mit dergleichen Kulten. So wurde am Ufer der Nachbarinsel ein langer Graben gegraben und darin zum zweiten Male bestattet, was schon aus der Zeit war.

Man kann ihn noch sehen, den Graben. Hier fanden die Ausgräber, zwar süchtig nach der Antike, von ihren Gotteswünschen aber in keiner Weise beschwert, die richtig vermuteten Reste. Soweit die alten Gräber von damals. Es kam aber auch ein Gottesverbot neuer Gräber; jetzt kam für alle Zeiten kein Toter mehr auf der Gottesinsel zur Ruhe. Wo der Gott wohnte, sollten Gräber nicht sein. Also kein Gottesacker. Noch mehr aber. Der Abscheu des Gottes vor Menschenwesen ging so weit, daß er durch den Mund seines Orakels in Delphoi befahl, es dürfe fortan weder geboren noch gestorben werden auf Delos. Thukydides, der dies berichtet, nennt zwar das Jahr des Orakelgebots, sagt aber ausdrücklich, daß es nur eine Gesetzeserneuerung war und der Gotteswunsch rühre schon weither, schon aus den ältesten Zeiten. So auch schreibt Herodotos.

Unheimliches, befremdlich ungeheueres Gesetz. Eine Insel, auf der es mit Bann und Strafe belegt war, zu gebären oder zu sterben. Eine heilige Insel. Demnach Tod und Geburt unheilig? des Gottes unwürdig? und heillos? Also war es heillos, daß man ein Mensch war? Denn Tod und Geburt, das heißt Menschsein.

Das will aufgenommen, bedacht, das will auch vorgestellt sein. Also mußten Schwangere fortgebracht werden, dem Gott ein Ärgernis, eine Schande. Da es folglich einige Häuser für sie auf Rheneia gab, so waren es Kliniken. Wir können das ohne weiteres verstehen, da es unseren Gepflogenheiten entspricht. Geburt ans andere Ufer der Klinik geschoben, wo Narkose und Niemandsland ist und der Vater hinterdrein mit dem Blumenstrauß kommt. Das Eigentliche ist Sache des Fachmanns, und Fachmann ist,

der etwas wissenschaftlich betrachtet, unbetroffen, ein Neutrum.
Klinikgeburt und Krankenhaustod, weil in Gebären und Sterben der Ernst wohnt, den keiner mehr aushält. Also auch damals war beides gottfern. Auch die Sterbenden mußten fortgeschafft werden, also die Kranken, wenn es mit ihnen schlecht stand. Übel, Hinfälligkeit, Schwäche: ans andere Ufer damit. Aber was wäre menschlich, wenn es die Schwäche nicht ist?
Doch das kümmert den Gott nicht. Dieses Menschengewese, dieses lebenslange Gemache. Dieses Mütterwesen, dieses warme, dunkle Gesorge, diese heimeligen Höhlengeschichten. Dieses Aufziehn in Sorge, dieses Zugrundegehen im Elend. Diese Gräberandacht, dieses Wohnen im Boden, denn nur aus Gräbern wächst Heimat. Mögen sies treiben, wo immer sie wollen, bloß nicht wo Apollon regiert. Das ist nichts für den Lichtgott, der strahlt und allenfalls da ist für strahlende, leuchtende Jugend, die für ihn wettkämpft und singt und sich darstellt. Aber die Leiden dieser viel zu vielen Geschöpfe? ihre Plage, ihr Altern? ihre Krankheit, ihr Häßlichwerden, ihr Sterben? Verrückt, wer dem Gott einen solchen Anblick zumuten wollte. Ist er denn ein Gott des Erbarmens? Kann man wagen, einem solchen Gott mit Sorge zu kommen? ihn mit Leid zu bewerfen, das hieße doch, ihn beleidigen. Also fort mit dergleichen; aus den Augen damit dem Lichtgott.
Für eine kurze Jugend ruht sein Götterauge auf diesem Geschlecht, ihm gnädig, solange es schön ist.

Bereit, vom Hochmut der Jugend Gebete und Opfer zu nehmen, verweigert er sie von Leidenden, Hilfsbedürftigen, Kranken. Nimmt nichts und gibt nichts an Schwache. Hält sich die Ohren zu beim Schrei der Gebärenden, ekelt sich vor Gebrechen, sieht weg von Krebskranken. Will nichts wissen von Sterbenden: also nichts von den Menschen. Apollon, der Lieblose.

Als Johann Sebastian Bach, fünfunddreißig, schon berühmt, am Hofe von Köthen ein Hofmann, übrigens schön, nach dem einzigen Bilde aus früheren Jahren zu gehen, elegant auch, rauchblauer Rock, mandarinenfarbene Weste, ideale Wolkenperücke, blühende Lippen und um die Nasenflügel den Hauch, der Eingebung anzeigt und Träume –: als Bach, etwa vierzigjährig, sich zum zweiten Male vermählte, schrieb er ein Lied für die zwanzigjährige Braut:

> Bist du bei mir, geh ich mit Freuden
> zum Sterben und zu meiner Ruh.
> O wie vergnügt wär so mein Ende,
> es drückten deine schönen Hände
> mir die getreuen Augen zu.

Befremdliches Brautlied. Doch sollte es schwerlich befremden; befremdlich daran ist nichts als unser eigenes Befremden. Denn unser ist doch, was dasteht, unser Eigenes ist es, unser mühsam Erworbenes. Tod und Geburt am hiesigen Ufer, kein Wegschub. Sehr falsch, Todeswünsche, Schwermut aus diesen Versen zu hören oder Sehnsucht, nicht mehr zu sein. Freund Tod stand ins Leben. Kein Leben

war Leben, keine Freude war Freude zu nennen, kein Glück war ein Glück, das sich nicht im Aufsprung der Türen empfing. Das ists, was bewahrt und gehütet, gespart und nicht hätte ausgetan werden dürfen. Aber wer lebt so?
Lebensanfang und Ende nicht weggeblendet. Samuel Hahnemann, dessen Lebensweg den Weg Bachs ein halbes Jahrhundert danach mitteldeutsch überkreuzte, Köthen und Leipzig, auch er Vater von elf Kindern, wie Bach zwanzig Kinder erzeugte und elf davon aufzog, als kleine Musiker lehrte –: Samuel Hahnemann, alter Chinese, Lau-Dses Schüler, ohne den Meister zu kennen, schrieb brieflich:

> Ich habe jede Niederkunft meiner Frau, jedes dieser überirdischen Ereignisse, in mein Leben tief eingreifen lassen und mich bestrebt, diese schauerlichen, offenbar für die Ewigkeit berechneten Momente zur Reinigung meines Charakters anzuwenden. Wo ich noch Flecken an mir fand, Neid, eine Neigung, anders zu reden, eine Spur Lüge, eine Heuchelfalte des Herzens, habe ich ausgefegt. Ich habe mir aus jenen Stunden ein Leben geschaffen.

War Geburt, war da Tod ans andere Ufer geschoben? Tod wohnte, wo Gott wohnt.
Was soll uns ein Gott noch, von welchem Geburt und Tod, also Leben, entfernt werden mußte? Was soll er uns helfen, wenn er schon damals bei Leben und Sterben nicht half? Es ist wohl Zeit, daß wir ihn gründlich vergessen.

Kindlein schreit in der Wiege und alles im Haus ist aufs Kindlein bezogen; vom Kind her wird alles bedacht. Der Haushalt wird aus der Wiege regiert, alle Gewalt geht vom Kind aus. Vom Bündel Hilflos in Windeln, das nicht einmal mitteilen kann, ob es friert oder warm hat oder was es eigentlich möchte, geht eine Macht aus, die niemand im Haus sich erinnert, jemals besessen zu haben. Das Schwächste ist stärker als Alle.
Es ist eine Macht, deren Last man erträgt, weil man für diesen Fall im Gedächtnis behielt, was man im allgemeinen vergaß oder neuzeitlich leugnet: daß man beladen immer noch am ehesten fortkommt.
So kam alte Einsicht mit dem Geborenen vorübergehend ins Haus. So lang der süße Kern in der Wiegennußschale liegt, werden Dinge ertragen, die jede Gewerkschaft in Erregung versetzten, wenn sie irgendwem abverlangt würden. In der Nacht um halb vier Uhr ist Aufstand. Tee von Fenchel fürs Kindchen, und weil man einmal dabei ist, richtiger Tee für die Großen, aus China, reichlich genommen, Lau-Dse muß geehrt werden, brauner Milchtee mit Zucker. Und weil man einmal beim Tee ist, Salami und Röstbrot und Butter, und Schwärze im Fenster und Lampenmilchmond gespiegelt, Lampensaturn mit Metallring. Ballon im Schwingflügelrahmen und Fensterschwärze und Zweigschnee und die Heizung auf siebzig gebracht; Stumpfsinn hat Schlafen von drei Uhr bis vier Uhr erfunden, gelber Fenster-

tisch in der Küche, Gondel fährt in die Nacht. Längst schläft schon das Kindchen, Husten zur Ruhe gekommen, Nachtstille. Bloß die Großen stören durch Sprechen.
Doch soviel sie auch schwatzen, Schlafkind hat mehr als Alle zu sagen, die stärkeren Argumente besitzt es. Im Schnee- und Eisfeld der Welt eine apere Stelle. Licht der Natur, für dies eine Mal offenbar Heilslicht. Kleine Zeitenwende und kleiner Adventus; Bündel Hilflos bringt Hilfe, Knäuel Ratlos schafft Rat. Rad dreht sich wie immer um Nichtrad. Finster das Fenster, voll Schwärze, am Tag voller Dinge, jetzt leer. Doch auf einmal ist Manches zu sehen.

Jeden Tag ein Stücklein weiter, jeden Tag ein Bißlein gescheiter und die unendliche Müttergeduld wird mitgeboren. Schreibt jetzt nicht, ich kenne mich aus. Nun seid ihr also eine kleine dreieckige Familie und das ist etwas ganz anderes, nicht zu vergleichen mit vorher, und zweieckig gibts ja auch gar nicht. Ihr wandert also nun wieder hinein, wo alles noch einmal von vorn anfängt. Zuerst führen Einen die kleinen Hände, dann wollen sie manchmal ohne uns gehen, dann tut man gut, wenn man sich bei Zeiten eine Anhöhe sichert, von wo aus man übersehen kann. Man hat von da alle Freuden, wenn sie sich bewähren, und alle Schmerzen, wenn sie daneben tappen. Manchmal kommen sie zurück und winken tun sie immer. Nun, ihr werdet ja sehen. Ja, wenn ihr mich zum Paten haben wollt, so freut mich das, und da ihr meines Gold- und Silberstandes Erwähnung tut, so muß ich gestehen, es ist so, Gold und Silber habe ich nicht. Was ich aber habe, will ich von Herzen gern geben und alle Himmelsgaben herunter bitten, grad wie ichs bei meinen Kindern, seitdem ich sie habe, unaufhörlich getan habe und grad so als wärs eins der meinen. Es ist mir eingefallen: laßt mich für die Kleider sorgen, bedenkt, es ist ein Mädchen. Da aber geschrieben steht: Ist nicht das Leben mehr als die Kleider? so werde ich auch anderes hinzu tun, laßt mich nur machen. Ach, daß wieder ein Kind auf der Welt ist, für das was zu tun ist. Hat sichs Kindlein denn nun mit seinem Vater abgefunden? Kannst du stillen, Anita? Es ist eines der wonnigsten Geschäfte überhaupt und nicht mit Geld zu bezahlen. Es hält die ganze Kindheit an, was sie da mitkriegen. Mit Jutta hielten wirs ganz präzis und aufs Tüpfelchen genau, Waage vorm Stillen, Waage nach dem Stillen, ich war überglücklich, wenn ich hundertzwanzig Gramm und untröstlich, wenn ich bloß dreißig Gramm hatte. Fünf Mal stillen am Tag machte zehn Mal wiegen. Kein Wunder, daß Jutta so genau und klar wurde. Beim Jost dann, im Jahr fünfundvierzig, kümmerte sich kein Mensch darum, es mußte alles gehen, daß nur das Leben weiterlief; andere Waagen wogen uns Alle.

Die Güte Gottes«, sagt Seneca, »ist in ihm selber vollendet, Gott ist eben das Gute; anders die Güte der Menschen, *sie kommt bloß in der Sorge zum Vorschein.*« Dieser uralte Satz, in Millionen Leben gelebt, mit Millionen Leben versiegelt, ist nunmehr gekündigt. Was vortritt, ist Ohnesorge. Arbeit soll nicht mehr besorgt sein. Man macht seine Stunden. Wer will sich noch kümmern? Die Hand, das ist Sorge, aber was geschieht noch von Hand? Etliches, das muß noch abgeschafft werden. Es ist altmodisch. Sorge muß dienen, aber wer will denn noch dienen? Diener, ein Schimpfwort; wo noch gedient wird, darf es nicht so genannt werden. Sorge, das soll nicht mehr sein. Sorge, die alte Klamotte. Sorge, archaisch geworden, und sie ist auch archaisch. Mögen die Ämter, die Verbände, die Versicherungen doch sorgen. Sorge, das ist das Ungewisse. Sorge, das Übermächtige, Sorge sieht das Verhängnis. Aber es soll ja nichts mehr verhängt sein. In der ausgerechneten Welt ist die Sorge der Rest, der nicht aufging. Der Mensch, durch Wissenschaft fähig, den Weltlauf zu steuern, also Weltlenker, *ist gut*, auch ohne die Sorge. Nicht recht hat Seneca: es bedarf nicht der Sorge, damit Güte der Menschen erscheine; ihre Wissenschaft ist ihre Güte. Nur darum war Aufbruch, nur darum die Weltveränderung: Sorge soll nicht mehr sein.

Aber Sorge hat viele Auftritte, so viel wie die Liebe. Und wie Liebe während der Liebe sich ändert, so

geht Sorge von der Todesangst bis zum Glück hin. Geht hin und geht her, immer wieder, unruhig, in ihr Tuch eingeschlagen, die Wüste ist ihre, vom Strand, wo stirbt, was angeschwemmt wird, bis zu den kahlen, lila leuchtenden Bergen.
Die Wüste ist weglos. Wenn man den einen Durchgang verlegt, wird ein anderer sich finden. So wird Sorge durchkommen; vielleicht daß es ihr unter angenommenem Namen gelingt. Denn das Herz braucht die Sorge, Seneca sagt es, da es der Güte, des größten Gutes bedarf. Und man hört schon, daß der Satz von Seneca zu den Sätzen gehört, die in Meertiefen unbewegt bleiben, mag es Stürme, Untergänge, Rettungen geben in den oberen Schichten, aus denen die Schicksale ausgefällt werden wie Flocken.

V Totenstadt II

STRUNK VON EINEM KOLOSSALEN APOLLON

Etwas seitab der Feststraße, beim Mauerrest eines Heiligtums, das der Artemis zugehörte, steht der Strunk von einem kolossalen Apollon. Von dem archaischen Gottbild ist bloß noch ein Block erhalten geblieben, eine Walze aus dem Geroll vieler Jahre: das Leibstück von den Schultern herab zur stark gedrosselten Flanke. Heftiger Einzug.

Also nichts vom Kopf blieb erhalten und nichts von den Armen und Beinen. Was austrieb aus Schultern und Schenkeln, ist weggeschlagen; die Bauern von den ringsum liegenden Inseln brauchten ja Mörtel und Weißes zum Kalken. Es rauchten zu Christen- und Türkenzeiten die Öfen, worin sie den zärtlichen Marmor verheizten; man wöge mit Gold jedes Stück auf und jeder Bauer hätte sich einen Palast bauen können von dem, was er ununterrichtet verbrannte, und einen Harem einkaufen, von dem er doch träumte. Aber nur kein Spott, nur kein Hochmut; damals waren es unverständige Bauern, die marmorne Götter in Schanden verbrauchten, vertaten, jetzt sind es die, die kommen und bloß noch das Schöne darin sehn.

Und so, gegen Mittag, stürzt diesem Strunk das zornige Licht steil von rückwärts über die Schulter, schert ihm die Brustwand und füllt die Runen mit Schatten, die ihm die Kreuzherrn und Fremdherrn wie Liebespaare eingruben. Vielleicht war vor fünfzig Jahren nichts weiter an diesem Blocke zu sehen. Es war zu weit nach innen gekrochen. Jetzt kommt es zum Vorschein; Archäologie hat geweissagt, man siehts ja. Diesen Wälzblock könnte Arp gemacht haben. Jetzt sagen Viele: das ist doch Einzug? Ist das nicht Rückzug und Einzug?

Da sagt die Physik, die wir nicht danach fragten, daß die Worte *oben* und *unten* hinfällig seien, da es dergleichen im Weltraum natürlich nicht gebe. Aber *oben* und *unten*, das sind Primworte, die Himmel und Erde umarmen; werden mit ihnen nicht alle Worte hinfallen? Aber nein, nicht hinfallen, da auch *hinfallen* hinfällig ist; wer, was und wohin soll denn in der Schwerelosigkeit fallen? Also wenn etwas nicht wegfallen kann, so muß es wohl bleiben? Aber *bleiben* geht auch nicht, aber *gehen* geht auch nicht, wer soll denn im Kern und im Weltenraum gehen, wer soll denn dort bleiben, das setzt doch einen Weg und eine Bleibe voraus, eine Bleibe aber kann man den Weltraum bei aller Nachsicht nicht nennen. Also *oben* geht nicht und *unten* geht nicht und *fallen* geht nicht und *gehen* geht nicht und *bei aller Nachsicht* geht auch nicht, denn mit *Sicht*, da ist es ja nichts mehr, das ist es ja eben. Die Dinge sind unanschaulich geworden. *Augenblick*, wo blickt denn das Auge noch hin, das sind antiquarische Worte, auf der Flucht mitgeschleppt und eines Tags sinnlos. *Augenblick:* Auge wird, einen Blick lang, ermächtigt. Zeit, die keine mehr ist. Wenn Zeit, sonst gemessen, ins Unermeßliche umschlägt. *Augenblick:* was das Auge nur dasmal erblickt, niemals wieder, nimmermehr zu vergessen. *Augenblick:* was zu messen keinerlei Sinn hat. Wer ihn mißt, wird ihn totsicher verfehlen. *Augenblick:* physikalisch ganz wertlos. Das sind Worte wie Burgen, ehmals gefährlich,

jetzt aber von Efeu bewachsen; gemütliche Reste einer höchst ungemütlichen Herrschaft. Nun schießts nicht mehr aus den Scharten.
So verwelkt, so verwelkt ein Wort nach dem anderen. Wenn *oben* und *unten* entleibt ist, worauf Heisenberg hinweist, so ist wirklich alles entschieden. Wenn der Herzog fällt, muß der Mantel nach; Ränge sind angeboren. Auch Worten. *Oben* und *unten*, *licht*, *dunkel*, *zeit*, *ewig*, *heil*, *unheil*, *schuld*, *jung*, *arm*, *recht*, *ernst*, *gut*, das sind Grundworte; wenn sie hin sind, muß ein Herbst ohnegleichen unter den Worten anbrechen.
Wo ist ein Ausweg? Aber *Weg*, schon wieder so eine welke Vokabel, so ein romantischer Wortrest. Ein Fußgänger unter den Worten, die doch längst motorisiert sind; *Weg*, ein armer Verrückter. Wer wird denn noch einen Weg gehn, man fährt halt; schon um zwei Ecken weit fährt man. *Weg:* vielleicht noch am Wiesenbach lang? Eine Schulbuchmetapher. Sollte man dafür nicht etwas wie Blindflug einsetzen? Aber *Blindflug*, *Funkspruch*, das bringt auf ein anderes Nest voller Lügen, das schielt alles nach rückwärts, das will sich nicht trennen, tut traulich. *Funkspruch:* Sprüche wie Funken, Feuerflocken von Worten. Man sollte meinen, es würden nichts wie Verse gesendet. Aber dann sind es Banalitäten und nichts sonst, Informationen, Daten der Rüstung; nie wurde Aschenes mit falscherem Anspruch benannt. Und *Blindflug:* blind sind dabei höchstens die Gäste, die überhaupt nichts verstehn und vorübergehend das Beten erlernen, damit der da vorne

nicht blind sei und ja seine Armaturen im Aug hat. Nichts stimmt mehr.
Also *oben* und *unten* und wie vieles andere durch Wissenschaft sinnlos geworden. Wissenschaft weiß es nun besser: dergleichen gibt es gar nicht. Längst merkte Physik, daß sie außer die Sprache geriet. Die Dinge, so fand man, liegen jenseits der Sprache, so wurden sie sprachlos. Bisher war das Wort immer stärker als alles gewesen. Da war Mühe und Not, und dennoch, ein Wort war noch stärker. Da man sicher war, daß es ein stärkeres Wort gebe, machte man sich auf die Suche und siehe, man fand es nicht selten. *Not trieb Worte*. So rang man nach Worten. Jetzt läßt mans. Man läßt es, schon ehe man anfing zu suchen, denn man weiß ja, das Wort ist nicht mehr das stärkste. Nun hat anderes die Macht und den Sog und den Fortriß und ist die große Sache geworden; nun gibt es andere Ekstasen. Anderes führt nun.
Soll man es leicht nehmen? Man tat es zu lange. Beschwichtigen? Die Physik ihres Wegs ziehen lassen? Aber Physik, das sind doch wir selber, von uns ist die Rede, wir sinds doch.
Oder will mans so haben: Physik, das finde im Kern und im Weltenraum statt und wir wohnen weiter im Grünen? So tun Viele. Viele, die weigern sich, das angewohnte Land zu verlassen. Ja sie sind, die dunklen Linden, und das kleine Haus auf der Düne. Aber geht das? Immer wenn Kinder Versteck spielen, kommt eins auf den gloriosen Gedanken, stellt sich einfach so hin in die Mitte, drückt die Augen

fest zu und meint, nun sehe es niemand. Und wie lachen dann Alle.

Nein, so wird das nicht gehen. Sich nicht so ins Falsche abdrängen lassen. Man wird das einsehen müssen: nun kann Einer groß sein als Denker und wörtlich ein Bettler. Also ist das Wort nicht mehr das, dem man alles gestehen kann. Kein Spruch mehr. Und also auch keine Gnade, kein Urteil, kein Recht mehr, denn das war alles wörtlich. So ist das Wort denn am Ende. Im Anfang das Wort, jetzt am Ende. Schicksal wortlos geworden. Stimmlos; früher Bestimmung, jetzt Lenkung.

Verlassen das alte verwohnte Zuhause. Nicht mehr gefragt das uralte, nie ausgegangene Traumschloß. Auf einmal von niemand bewohnt. Die Herrschaft zog fort, hier wohnt keine Macht mehr. Hier werden die schweren Entschlüsse nicht mehr gefaßt, Urteile gehn nicht mehr von hier aus, es wird nicht mehr in Sprüchen entschieden. Die nächtlich schimmernde Traumstadt, elektrisch beleuchtet: leert sich. Die niemals zu Ende entdeckte, unheimlich verrückte, immer auf Neubau und Umbau und Zubau und Abbruch und wieder Neubau versessen, herrlich unübersichtlich und frei: verödet. O ja, hier war jede Handbreit aus Freiheit. Freies Wort, und alle Freiheit kam nach. So wird Freiheit wohl sterben.

Eine Totenstadt plötzlich, bloß noch von Zurückgebliebenen bewohnt. Hier war jede Wendung Seligkeit, jeder Satz, jeder Schritt, jedes Tor. Ihre Lieblinge, die sie auf ihren Gassen auflas und in ihre Säle zu Tisch lud, das waren die Ungenannten: Roßknechte, alte Weiber, Ammen, Schuster, Geschichtenerzähler, das waren die Kinder, wenn sie sich im Gewinkel zurechtzufinden begannen, sich drollig verliefen, häufig hinfielen. Und Könige waren die Stammler.

Und unter ihr die Kloaken, die Rohre, die Stollen, von schlagenden Wettern durchzuckt, die geladenen Netze, die Wasseradern, Gewölbe und Keller und Treppen, unendliche ausgetretene Treppen. Und Gänge, pechglitzernd, bekritzelt mit Zeichen, gestützt, immer weiter und weiter getrieben: auf einmal nicht mehr befahren. Stillgelegt. Ein Auszug, als wäre die Pest ausgebrochen. Und auf den Fluchtstraßen, die eiskalt und von fußhohem Kalkstaub bedeckt sind: Gekecker, Gequarre, Gefasel und massenhaft schepperndes Stanzblech. Nur Formeln.

Auf dem Südkap des Heiligen Berges in Griechenland, also dort, wo die berühmte Halbinsel am weitesten in die Aigais vorstößt, fallen die Felsen lotrecht ins Meer, weiß, stellenweis rostrot. Es bilden sich Buchten. In so einer Bucht, auf der gegenüberliegenden Steinwand ganz oben, ist eine Nische. In sie ist ein winziges Steinhaus gestellt, aber man sieht nicht, wie man da hinkommen könnte. Es ist weiß getüncht und die harte Sonne macht es noch weißer; drunten die schwerblaue Bucht.

Die Klause des heiligen Nilos ist das. Ihr Erbauer vor Zeiten mußte, um zu dem überschwänglichen Punkt zu gelangen, den Berg von rückwärts durchbohren, der gegen die Landseite weniger steil ist, so daß man gerade so hinkann. Er wühlte, der heilige Maulwurf und nagte, der Nager; ein waagrechter Stollen entstand. Eines Tags war er durch und heraußen; die letzten Steine waren die ersten am Licht der Meerseite. Er stieß sie mit Lust die senkrechte Felswand hinab in die Tinte. Eine fröhliche Stunde; noch jetzt, nach so vielhundert Jahren, knattert die Fröhlichkeit jenes Durchbruchs am Ort wie ein Wimpel im Meerwind, unbekümmert darum, ob er nicht etwas *Stolz* sagt. Denn: kann man auffälliger in die Einsamkeit gehen, als so turmhoch über den Wegen? über den Booten, die etwa vorbeiziehn? Kann man sich auf eine noch obere Sprosse aller Einübung setzen? War es auch nicht zu dicht vertraulich beim Himmel? Lag nicht sogar Frechheit darin, Gott so direkt anzufordern? Wo blieb da der vorgeschriebene Winkelweg über den Nächsten?

Doch wäre ja denkbar, daß Nilos, der Felsendurchbohrer und Nager, sich alles dessen bewußt war. Man war damals wohlerfahren in sowas, denn *das* wars, was man damals Wissenschaft nannte. Wie also der heilige Franz zwar auf eine Insel im See ging, um dort vierzig Tage zu fasten, jedoch eine Semmel mitnahm, damit er sich nicht vorkommen könne wie Jesus in der Wüste beim vierzigtägigen Fasten, so könnte sich dieser Nachfahr ja einen so tollkühnen Platz gewählt haben, um sich zu erniedrigen durch seinen Hochmut. Und es blieb noch genug auszuhalten, so droben, wo es bloß den Bankerott gibt oder das Standhalten, bloß die vollkommene Niederlage, oder es glückt, an den Zapfhahn der Fülle zu kommen. Was er baute, war: Abbruch jeglichen Rückwegs.

Sich so auf den Knopf der Fahnenstange gesetzt, da verbot es sich, eines Tags doch wieder zurück ins heimische Kloster zu ziehn. Ein so übertriebener Wohnort, das schloß alle Zwischenlösungen aus. So im Superlativ, so verstiegen: da blieb allerlei Tröstung auf halber Höhe zurück. Was man gefüllten Tag nennt, Aufgaben, Tüchtigkeiten: daraus war hier nichts mehr zu holen. Pflichten: das gab keine Rente, das gab keinen Zins mehr. Erfolg: der war mit dem Steinschlag hinuntergefallen. Da blieb bloß das Äußerste: Seligkeit oder Abgrund der Schwermut. Erfüllung und Leere im Wechsel, das blieb noch. So wird das Wort hausen müssen in Zukunft.

VI Wiedehopf

Man ist hier zu Lande geringer versehen als man es gewohnt ist, aber die Glückskraft von allem ist stärker. Wenn der Feigenbaum ausfährt und den Anfang des Sommers anzeigt, denn der Feigenbaum ist hier im Frühjahr der letzte, es heißt ja: »an dem Feigenbaum lernet ein Gleichnis« –: so fährt Glück aus. Aber irgend etwas ist doch auch in jedem anderen Frühling das Letzte? Eine gelbe Orchis, die ich ausgrub, von den braunen Fallen bis zu den zwei ungleich aufgehängten Knabenknollen, also von oben bis unten Geschlecht –, roter Mohn, der kleiner, aber heftiger als der unserige ist und die steinige Wildnis betropft –, der Zahnkranz von einem Marmorgesims, halb im Boden, die Lücken voll Schatten –, das besitzt alles Gebe- und Glückskraft. Wilde Iris und Malven, niemandes Unkraut, alles spricht seine Mundart. Der Wein hat keinerlei Namen, keinen Preis, keine Herkunft, halt ein Harzwein, aber den Aufschwung besitzt er. Und widerfährt es mir vollends, daß der Wiedehopf auf einem Mauerstück sitzt, gegen Mittag um elf Uhr, in der Aprilsonne, sich putzt und den Kopf dreht, der Hals ein Kugelgelenk und ich kann im flimmernden Licht nicht erkennen, welcher von den zwei Schattenstrichen gegen den Himmel der Schnabel und welcher der Schopf ist, dann stellt er ein-, zweimal die Krone wie zornig, fliegt ab und ich, ich bin glücklich über dies Glück.

Es können doch aber die Gegenstände nicht sein,

die so Außerordentliches bewirken? es gibt doch dieselben Gegenstände daheim? Kann denn dies Mehr und Darüber, das hier ist, noch Folge der Opfer sein, die hier Tag täglich dargebracht wurden? Ich bedenke, ich meine. Denn wer vom Altertum spricht, sollte Opferrauch sehen, von zehntausend Altären, wie er übers Meer wölkt. Da war immer Geruch verbrannten Fleischs in der Luft. Doch waren das nur die Brandopfer, es gab ja auch Fruchtopfer, Trankopfer, täglich und stündlich, auf Haus-Altären und Werkstatt-Altären und Tempel-Altären; mit Opfern begann der Morgen, jedes Essen mit Schütten und Streuen, ein Brot, eine Handvoll Körner, ein Guß dem Schenker, dem Geber. Also waren die Heiden längst nicht so heidnisch wie man jetzt lebt? Tausend Jahre nie aufgehört, täglich und stündlich zu opfern. Alles und alles Geschenk.
Hängt nicht Glück allein von der Fähigkeit ab, etwas als Geschenk entgegenzunehmen? Wird man unser Jahrhundert eines Tages als eines beschreiben, das nichts mehr geschenkt haben wollte? Ein Jahrhundert, das für Geschenke zu stolz war? Ein Jahrhundert, das in einem unvorstellbaren Maß Geschenke verlernt hat? Ein Jahrhundert, das alles selbst machte? alles herstellte? so daß selbst der Gläubige nicht mehr zurecht kommt, wofür er danken solle und nicht? Denn was berechnet, geliefert, gesteuert, gelenkt und bezahlt ist, muß kühl lassen. Alles bezahlt, aber teuer.
Glück ist, was Geschenk ist: war das denn zu vergessen? Hinter Allem und Allem Schenker zu sehen:

welcher Glücksquell. Welcher Zuwachs, aus der Erfahrung gewonnen, daß nichts stärker bindet als Abgabe. Die Vorfahren, die Größeren, majores. Welche Kunst, reich und doch von Geschenken zu leben. Welche Kunst, es so weit zu treiben, auch noch das Unglück als ein Geschenk, das man nicht zurückweisen kann, als Schickung entgegenzunehmen.

ALSO

Wer sagt, daß die Spende nachließ? Ganz gewiß jedoch das Empfangen.

Auf Kreta. Wir waren einen Frühlingstag über die Insel gelaufen, Orchideen, wilde Iris, kleine wilde Gladiolen. Es war gegen Abend, in Stunden kein Dorf, wir wollten zum Übernachten ein Klostervorwerk erreichen. Da stand ein Haus an der Straße, halb Ruine, halb Neubau, flaches Betondach. Im Inneren der gewachsene sandige Boden, ein Lager aus Reisig. Der Bauer, erfreut, daß Fremde in seine Einsamkeit drangen, bat einen Abendschluck mit ihm zu trinken. Es begann mit einem Glas Rotwein, der, wenn er zum guten von Kreta gehört, einen tönern alten Geschmack hat. Noch ein Mensch trat nach einer Weile herzu, Lederjacke, Jagdflinte; der Bauer brachte nun kalte Ziegenzunge herbei, von woher nur, dann frischen Schafkäse, Brot in gerissenen Stücken und eingemacht Süßes, vom ersten Rang alles.

Durchs Türlicht war eine Nebelkrähe zu sehen, sie hatte sich auf die Feldmauer niedergelassen. Der Mensch mit der Lederjacke riß die Flinte zur Schulter, kaum daß er anlegte und zielte, so traf er; sie treffen dort Alle. Der Schütze holte die Beute, verächtlich, das arme Vieh hockte sterbend im Eingang, sperrte den Schnabel, wenn jemand darüber hinwegschritt, konnte sein Ende nicht finden. Die Szene war unseretwegen entstanden; Schießkünste, auf Manneskünste anspielend, wollen ja vorgezeigt sein. Kleiner Mord am Abend, Frost auf der Glückstimmung, die sich beim heftigen Wein nach den langen

Wegstunden in dem glasgrünen Abend eingestellt hatte.
Es dämmerte, Aufbruch. Während wir unsere Sachen aufnahmen und an der Tür standen, sah ich einen Wiedehopf niedrig durch den Ölgarten flattern, fahlbraun, schwarzweiße Schwanzfedern, die quergestreift sind. »Der Wiedehopf« rief ich erfreut und bewirkte, was ich am allerwenigsten wollte, erneute Zeige-Lüste des Schützen. Der Königliche war unter Oliven im blaugrünen Halblicht verschwunden, der Mensch rannte, schoß, verhielt, tat abermals Sprünge, schoß wieder, war in der Dämmerung nicht mehr zu sehn. Der Hopf schien getroffen, aber weiterzuflattern. Da brachte er ihn, der wie ein Märchen aus dem Orient ist, wie das, was sich in Kinderaugen dann malt. Der Prinzenleib rosabräunlich durchfeuert, die Federhaube, die jedesmal größer scheint als man sie in der Erinnerung hatte, gestellt zur Krone, da es zum Tod ging. So lag er mir säuberlich in der Hand, der Hochgeborene, in die nun das Blut rann.
Wir bekamen das Opfer als Gastgeschenk mit, wie es hieß, zur Gesellschaft, damit wir drei würden. Unseretwegen der Mord. Jetzt wäre Wasser nötig gewesen, aber an Wasser zu kommen, das konnte stundenlang dauern. Da zeigte sich überraschend etwas, eine Lache, nicht viel, immerhin, im Gebüsch etwas Stehengebliebenes vom Winter. Wir legten den Getroffenen zum Rand hin, vielleicht überstand er. Sogleich entflatterte er; das Entsetzen vor Menschen war größer. Doch kam er nicht weit, er mußte

zum Wasser zurückfinden können. Der lange gebogene Schnabel war nun in die Erde gebohrt; ich hatte vorher gesehen, daß sein unterer Teil ohne Rinne ist, eine Flachzange. Als ich den Gekrönten zuletzt sah, starrte das Vogelauge mich an, das von Gefiederkorn eingesäumt ist, Perlchen an Perlchen, eine Fassung, von einem Goldschmied in den Gassen von Konstantinopel erdacht, der seine Künste in Kenntnis verschwiegener Seelenwünsche verteilt: dies Vogelauge, kalt, angstlos, ein Abstrahl des Schöpferwillens, dem es offenbar gleich ist, was mit seinen Geschöpfen geschieht, jener Mitte, in deren Schwingkreis sichs ungerührt mordet und ebenso ungerührt stirbt.

An Julius Bissier

GESCHOPFTES GESCHÖPF

So viele Wimpel die Flaggenleine hinauf, teils berberitzen-, teils kirschrot. Sie flattern, das muß der Bodenseewind und der Ostwind und der Gletscherwind sein, ein Windgebinde zusammen. Ja bei so einem Wetter geht alles. Sinds überhaupt Wimpel? Wahrscheinlich sind es gar keine. Aber das macht nichts, jedenfalls sind sie so fröhlich. Wimpel weniger Wimpel, bleibt fröhlich. Bloß das Abgezogene wurde gemalt. Und war es nicht besser, *grundlos fröhlich* zu malen?

Soll das ein Mädchen sein, was die Wimpelschräge hinauftanzt? Wie auf dem Seil übern Schloßplatz. Ein Kind? ein Mädchen? oder was anderes? Unentschieden, aber das macht nichts. Mädchen weg Mädchen, bleibt Neugier. Aber aus Neugier wurde immer schon Hoffnung gemacht.

Jedenfalls rennt sie und ihr Grünschopf schlägt so hin und so hin. Die drei Winde, wie sie hinter ihr her sind. Macht ihnen Spaß, in den nußgrünen Rock einzublasen. Eines jeden Mädchens Rock ist sein Segel. Vogel Rock, der davonfliegt. Wohin? doch natürlich nach morgen. Das Heut wird nicht hoch berechnet, aber aufs Morgen wird ungemein Hoffnung gesetzt. Heut ist ganz schön, kann so bleiben; aber morgen. Nur die Schwellen sind fündig für Hoffnung.

Also warum halten die Leute sich sowas, wenn sie behaupten bar jeder Hoffnung zu sein? So ein Mädchen, das ist doch die Hoffnung. So sieht Hoffnung halt aus, da läuft Einer ihr nach und weiß das nicht. Soll er sie doch schöpfen, die Hoffnung. Da ist doch ihr Schopf, soll er sie doch halten, die Schaffe. Als ob anderswann Zuversicht zugeteilt worden wäre wie eine Rente; Hoffnung war immer schon rar. Aber früher wurde Verzweiflung wie ein Körperschaden so lang wie möglich verschwiegen und bloß die aufgebrachte Hoffnung wurde gesagt. Jetzt schlägt man noch Rad mit Verzweiflung.

ZINNOBERROT

Schwarze Wolkenzukünfte, die anrücken und Täler und Hänge und Gipfel und alle Wege verschlucken. Was für schlechte Futuren. Wieviel Kraft man da haben müßte, bloß um noch zu hoffen. Aber mit einem Mal scheint da ein Rot auf, hochgeworfen wie eine Sorge, die sich als unbegründet erwies. Ein so unangemeldetes Hochrot. An der Stelle hätte man Glück am allerletzten erwartet; man schämt sich, daß man sich so eine Sorge gemacht hat, die schwarze Ente schlappt fort. Nächte lang hieß es, dergleichen gibt es nicht mehr, Zinnoberrot kommt auch nicht wieder, wie viele geängstete Nächte. Da wurde das Längstabgestellte, das keiner mehr sehen will, noch einmal vom Schattenspeicher geholt und Stück für Stück hergehalten, graue Bilder und schwarze, schon, aber es sei halt nichts anderes im Haus, das sei nicht mehr wie früher. Sich darauf einzurichten, sei besser. Aber dann kam auf einmal der Morgen.

GRAVENSTEINER

Ein Bild ist vom Duft eines Seegrüns wie vom Duft eines Apfelkellers durchzogen, oder vom Rauch, der durchs Haus zieht, wenn eins seiner Zimmer die Würfelbände der Buddho-Reden verwahrt. Dieses Bodenseegrün, um drei Uhr morgens im Juni, liegt wie eine hinuntergefallene Zitronatschale am Boden; ist ja auch gleich wo; wenn es bloß da ist und sendet. Früher hätte ein Maler die ganze Zitrone mit ihrer warzigen Glitzerschale gemalt und sein Bild mit einem gemütlichen holländer Ausdruck ein Zitronenstilleben genannt. Lebendig stille Zitrone. Jetzt ging Gemütlichkeit fort, alles ist dringlich geworden. Stilleben? Das geht nicht. Still leben, wer es bloß könnte. Es hieße in Unruhe leben, die dann erst in Gang kommt. Wie das Milchflaschenklicken von der Straße am Morgen um fünf Uhr, wer würde es tagsüber hören. Das malen.

WIE EIN WASSERSCHLOSS

Das ist wie Zweizeiler, das sind Sätze von der Hand eines Malers. Einen Tag leben um so einen Satz aufzuschreiben. Einen Tag gelebt wie am Stausee; wo das Wasser ins Tosbecken stürzt, davor muß das Wasserschloß sitzen. Ein Kubus aus Wasser, da fängt sich Strudel und Stoß. So sollte ein Satz sein. Wie ein Wasserschloß jeder Satz.

Was für ein Glück, erst mit siebenundsechzig Jahren zu Ruhm zu gelangen. Wer den Ruhm mit einer Katastrophe für Werk und Künstler gleichsetzt, muß es als Gnadenfall ansehn, wenn Ruhm erst so spät kommt. Mit Ischias, mit der Schwermut des Alters verzopft und alles im Zählzwang noch möglicher Jahre: was soll sein Befall da noch schaden?
Ruhmlos: der paradiesische Zustand des Künstlers. Ruhm: seine Paradiesesvertreibung; von jetzt ab wird alles bezahlt. Nun ists nicht mehr wie früher, wo es unbeschrieen gelang. Die Türen sind offen, da sitzt er im Luftzug der Jahre, der Alte, die immer flinker verhuschen, im Hinfall der Tage, die immer windiger werden. Kein anderer Gedanke als der, wie es ginge, dem Tag etwas Gold auszuwaschen. Ein Korn bloß. Daß er nur ja keine Stunde vertue und immer parat sei. Ist fest in dem Glauben, es werden ihm keinerlei Sünden berechnet, bloß die in den Wind geschlagenen Stunden; das ist der Glaube der Künstler. Ihn plagt die Gewissensfrage, wie er die Stelle links oben noch einmal machen könnte und besser, denn er muß weitergelangen. Als Künstler alt werden, das heißt, in Kummer weitergelangen. Lebt, wie ein Jude, jeden Tag als den möglichen letzten und gerät so auf uralte Sprünge: in einem fort in Erwartung des Endes zu leben. Ein Ende, bevor ihm das Beste gelang, das ist ihm der schrecklichste Schrecken. Das Beste? Das Beste ist bloß was Besseres. Etwas Besseres fast als in ihm steckt. Her-

aus was nicht drin ist. Vor Tag steht er auf, schon, das muß er, denn er will ja versuchen, aus dem Fluß etwas treibendes Unverhofftes zu fangen; am Abend ist alles hinunter. Da heißts auf der Lauer zu sitzen wie ein Hund vor der Haustür, in welche der Herr ging; der kann zehn Minuten verziehen oder zehn Stunden. Man weiß nicht. Aber wenn er in der Schwärze des Hausflurs erscheint, heißt es dasein. Also auf dem Posten sein und nicht wegschaun, mögen die Katzen auch durch die Vorgärten wechseln.

MÜHSAMER TAG

Irgendwann kam dieser Maler darauf, Miniaturen zu malen. Das sind zweimännerhandgroße Dinger, Leinwand, aus einem größeren Stück ausgeschnitten, es kann aus einem Bügeltuch sein, unregelmäßige Kanten. Ort und Datum dazugemalt. Es sind Tagebuchblätter.

Wie Zettel, die man schlaflos mit einem Einfall beschreibt. In der Zone zwischen halbwach und wach besitzt man verschollene Glieder, Schlafglieder. Man kann sie mit Armen vergleichen, dann wären es viele, dann wären es ganze Gefieder, wie Rechen in den moorigen Fluß des Schlafes zu halten, es kommt Hartes und Weiches geschwommen. Doch darf man die Funde nicht ungeprüft lassen, es ist Trübes, zuweilen Kloake dabei. Es kam dahin, daß der Fluß in Verruf kam, weil manche aufgeregt schrien, sie hätten ihn, den uralten, allerneuesten entdeckt; kopf-

über stürzten sie sich hinein und hielten alles, was antrieb, für wer weiß was für Goldfunde, in dem gräßlichen Übertreiben der Deutschen, in dem ewigen Verfehlen der Mischung.
Schlafrand ist fündig, aber wählerisch muß man selbst sein; Nacht kann anschaffen, Tag muß es sondern. Man kann diese Miniaturen auch als Erfahrungen lesen wie man mit solchem Treibgut aus dem Zwischenreich umgeht. Wer aus der Nacht lebt, wird sich vorsehen müssen; auf einmal ist er besessen. Wer bloß aus dem Tag lebt, ist noch viel schlechter daran; bald wird er ohne Leib denken. Besser, die Nacht wird schenkend und der Tag als Mühe verstanden. Wer nicht den ganzen Tag suchte ohne finden zu können, wird nie ein Beschenkter der Nacht sein.

AUF DEM LEITERWEG

Wie eben Kunst zu entstehn liebt: im Rücken von denen, die angestrengt in die andere Richtung ausschaun, im grünen Schatten von Mißtraun. In der Kühle und Feuchte, die Nichtbeachtung gewährt; Bodengare Verachtung. In dem unentgeltlichen Glück, daß alle vorbeisehn. So wächst was, man hält es allgemein für zu schwach. Eine Teillösung höchstens. Das hat keine Zukunft. Das kann nicht der Weg sein, auf dem es weitergehn wird. Und dann sind es doch immer die Seitenwege, auf denen sich alles erreicht. Hundert Male erwies sichs und hundertmal wird es wieder vergessen: es gibt zum Glück keinen Hauptweg. Es gibt keinen Hauptweg, zum Glück. Ein Weg, das ist keiner. Es sind bloß die Nebenwege, die hinführen; gern gehn sie auf halber Höhe, Buschwald und Jungwald, Sommerglanz, Laubglanz. Bergluft, Aussicht nur wenig. Es sind unwahrscheinliche, eher verrufene Wege, dem Geher selbst nicht geheuer, Jahre lang unbegangen. Wer sie ging, hat noch immer Korn des Vergessens aus seinen Taschen verloren. Nämlich wenn so ein Weg allgemein wird, bog er sich vom Ziel ab. Und gerade von da an gehen ihn Alle. Denn, so sagen sie, hat er den Einen richtig geführt, so muß er immer hinführen und also muß man ihn gehen. Kein Mensch weiß sich alsdann zu erinnern, daß er je als Abweg sollte gegolten haben, den nicht alle Welt kannte. Jetzt, wo er zum Irrweg geworden ist, loben ihn Alle als wahren.

WIE PAPIERSCHLANGEN

Das sind Bilder, in denen der alte Maler sich selber und seine Lage gemalt hat. Da malt er die ewige Sorge, wer er eigentlich sei und ob er recht lebe; er hätte ja nicht einmal angefangen, ein Künstler zu sein, wäre er sich nicht selbst fraglich. Auch ist er bloß so lang ein Künstler, wie er seine früher gefundene Antwort zu wiederholen verschmäht. Denn er weiß: alles, was jemals die Vorigen, Größeren erreichten, könnte er allenfalls dann noch ein zweites Mal schaffen, wenn er zur verwunschenen Wüstenstadt, Messingstadt, unserem neuen Jerusalem, einen neuen Weg fände. Einen verrufenen vielleicht. Da jeder Weg, der einmal hingeführt hat, nicht wieder hinführt. Einmal hingeführt, weggelöscht. Alle Wege zu jeder Ankunft verwehen. Wegbiegen sie sich, wegrollen sie wie die Papierschlangen, mit denen der Februarwind was er will macht, und leiten den zweiten Geher ins Irre. Vorsicht vor einmal begangenen Wegen. Ein Weg, das ist keiner. Weg, das ist weg, das ist es ja eben. Da Kunst wie Leben immer bloß auf verlorene Form geht.

WELTSPRACHE KLOPFZEICHEN

Da ist ja die Zelle. Wie sich die gläsernen Kurven mit dem Rücken nach außen anstemmen, um einen Raum freizuhalten. Eine Freiheit aus Linien, mehr gibts nicht. Die neue Gesellschaftslehre: im Butzen hausen, im Kernhaus des Apfels, im Samenquerschnitt der Gurke. Die neue Weltsprache: Klopfzeichen. Der Zeit kündigen, eine Geheimsprache lernen. Tibet ist ausgewandert und sucht eine Bleibe; irgendwo muß es doch bleiben. Einen Sinai Jedem. In ein Wüstenfort ziehen, in Verruf leben. Die einzige Wissenschaft, die noch ihren Namen verdient: Wie man aus dem Weg gehen kann. Denn Wege, Wege: es gibt bloß noch Raupenbahnen. Und sonst? Bloß noch weglose Wege.

VII Agnetendorf II

Unter den Gästen, die damals nach Agnetendorf kamen, war ein junger Schriftsteller, den Suhrkamp hergeschickt hatte. Er hauste im östlichen Teil des Riesengebirges und war ein ungestümer, schlesisch redseliger, in Plänen schwelgender Mann, der eines Tages Besuch gemacht hatte; er gefiel und wurde für einen Abend geladen. Er dankte und bat, seine Damen mitbringen zu dürfen; wie sich ergab, hieß das: seine Frau und außerdem seine Geliebte. Also gut. Bei der Toleranz, die der alte Herr in solchen Dingen besaß, wurde auch dieses bewilligt, wennschon mit einem gewissen ermunternden, fragenden Neigen: man habe doch richtig verstanden?

Wie sie dann aber mit ihrem wackligen Auto durch die Dezembernacht kamen, zu Dreien, der massige und geräuschvolle Mann und die zierliche, funkelnde Schwarze, die seine Frau war, und die sehr blonde Geliebte, beide mädchenhaft jung, da war alles ganz anders. Ich merkte sofort, daß etwas Besonderes war, als ich ein paar Augenblicke später vom oberen Stockwerk in die Halle herunter zu dem Empfang kam. Ich sah, daß der alte Herr von der Erscheinung der Schwarzen berührt war und daß sie die Hauptperson des Abends sein würde.

Niemals zuvor und nie nachdem sah ich ihn so. Sie saß rechts von ihm während des Essens und er wandte sich unaufhörlich an sie, sagte ihr Schönes und Ritterlichkeiten und hielt das Glas in der Hand; ein König der Anmut, so mochte man denken, wie oft schon und jedesmal wieder; es war eine Anmut, die kindlich und königlich war, mit dem Prägmal des angeborenen Geschenks.

Niemand tat als merke er etwas Besonderes. Aber alle mußten es sehen; es war außer der Ordnung und offenbar etwas anderes als Artigkeit oder als eine Auszeichnung, wie sie an solchen Abenden, und eigentlich war ja jeder Abend ein Gastmahl, großmütig ausgeteilt wurde. Jedermann konnte sehen, daß etwas Besonderes in ihm aufgeregt war.

Fast sah es aus, als sei die so leidenschaftlich Geehrte die einzige unter allen Geladenen am Tisch, die sich dieser Rühmung gar nicht bewußt war. Man sah es ihr mindestens nicht an. Sie ließ ihre Schwarzblicke fragend von einem zum anderen gehen; es war nicht zu erkennen, daß sie gerührt war oder ergriffen; es waren die Augen einer Undine, die den Menschen zwar Leiden und Glück bringt und genug Verwirrungen stiftet, die das alles aber im Grunde nichts angeht.

Die Andere, die helle Geliebte, hatte keinerlei Ähnlichkeiten mit ihr. Es war eine junge Malerin, die der dramatische Stürmer aus Hiddensee mitgebracht hatte; er hatte sie dort, wie er schilderte, in den Dünen zum ersten Male gesehen, an Stränden, wo man von Badeanzügen nichts hielt. Seitdem war er ihr in Liebe verfallen. Übrigens ging ihr der Ruf eines Talentes voraus; aus einem bekannten Haus stammend, war sie so liebenswert, klar und gewinnend, wie ihre Rivalin nixenhaft unerreichbar entfernt schien. Doch für sie fiel von der Gnadensonne des Abends kein Strahl ab.

Wer sonst noch am Tisch war, suchte, sich anderwärts unterhaltend, den Nachweis zu führen, daß er wenig höre und sehe. Indessen, jedermann war gerührt und ergriffen und wünschte mit schnellen Blikken und drittem Ohr zu erkunden, wie das weitergehen werde: diese unaufhörlichen Hinwendungen, dieses Verneigen des großen Fünfundsiebzigjährigen vor dieser albischen Kleinen, dieses Zutrinken, diese Handküsse, Huldigungen, die auf den schwarzkrausen Scheitel wie Kronen sich senkten. Dazwischen gab es, mehr als man gewohnt war, königliche Gewitter, ja Prankenhiebe an diese und jene Adresse am Tisch, wie jemand sie austeilt, der heftig gereizt worden ist. Aber es hätte ja niemand auch bloß ein kleines Lächeln gewagt, auch dann nicht, als es nicht mehr möglich war, die Reden des hingerissenen Alten anders als ein Liebesgeständnis zu nennen, als er von Glas und Feuer zu fantasieren und sie »Pippa« anzusprechen begann und vollends klar wurde, daß alte Leidenschaft da war.
Das unverhoffte Geschöpf hörte zu, man erfuhr nicht recht, ob sie alles richtig verstand. Sie hörte wie jemand, der eine fremde Sprache nur unzureichend versteht und die Zwischentöne nicht aufnimmt. Sie ließ ihre Nixenaugen siegreich am Tisch herumgehen und manchmal lachte sie grundlos, von der Lust eines Scherzes geschüttelt, der niemand Anderem bewußt war, als sei sie an einer Unterhaltung beteiligt, die zu selber Zeit, aber nach Geisterart stattfand, auf Wellen, die außer ihr niemand am Tische empfing.

Alles war aus der Ordnung den Abend. Während sonst nach dem Essen bei abgenommenem Tischtuch ein langes Erinnern, Trinken, Rühmen und Grollen und vor allem natürlich Erzählen begann, weswegen Erzähler unter den Gästen, wie der fabelhafte Klaus Tesdorpf, bei dessen nächtelangen Geschichten die Zuhörer auf die Stuhlkanten rutschten, hoch im Kurs standen, wurde diesmal die Tafel aufgehoben und indem die Gesellschaft sich löste, begann der alte Entflammte dem Mädchen das Haus zu zeigen, den Saal, die Bibliothek mit der Sokratesbüste und den großen Fotos sizilischer Tempel, das untere Turmzimmer, die Halle, und überall die vielen merkwürdigen Dinge, von denen jedes seinen Bezug in dem langen, langen und großen Leben besaß, seine Herkunft und seinen alten Triumph, das Schilfrohr, das im Jahr 1905 am Avon gepflückt war und den Ölzweig aus dem Hain von Olympia, alle diese Amulette, die eigentlich bloß für den eine Valuta besaßen, der Kenntnis und Neigung herbrachte. Es war wohl ergreifend, daß er auch dies in die Waagschale warf.
Die Albe schritt, eben so, ein wenig unbeteiligt mit hin, sie begriff das meiste wohl kaum, es war ja auch nicht zu verlangen. Da ging es sogar in das obere Stockwerk hinauf, über die Hallentreppe, und da der hingerissene Führer sich von Raum zu Raum Licht machte, das er im Weitergehen natürlich nicht löschte, war der ganze Wiesenstein alsbald von unten bis oben erhellt, zu allen strahlenden Fenstern hinaus in den Schnee, auf die Tannen, ein parkver-

lorener Winterpalast; die Köchin, der Diener, die Mädchen kamen von unten, traten aus allen Türen ins Freie, waren froh, die Köpfe wieder einmal schütteln zu können und murrten.
Man ging dann nicht in das kleine Speisezimmer zurück, sondern verbrachte den Abend in der pathetischen Halle; ein großes Kaminfeuer mußte angemacht werden, wie das wohl früher, vor Zeiten war, um die Jahrhundertwende, als das Haus gebaut wurde und alles nicht burghaft genug sein konnte, quadersteinig und säulenbewehrt, gotisch und romanisch und ein wenig jugendstilig zugleich, und der Hochberühmte, oftmals von Trauer befallen, mit der albischen Geliebten hier lebte, fern von Berlin, mitten im Riesengebirg, Petroleumlampen und Holzfeuer, noch nicht einmal eine Fahrstraße.
Als die Abendgäste, das Dreigespann, aufbrach, war es spät in der Nacht. Nie sonst ging Hauptmann, der so gesunde, der gleichwohl mit seiner Gesundheit vorsichtig war, mit Abendgästen ins Freie, schon gar nicht im Winter. Jetzt war es so: Das kleine Auto stand unter Schneezweigen am Wegrand der Einfahrt. Der starke Scheinwerfer, der an der Hauswand in Stockwerkhöhe angebracht war, schien wie in Schneekönigs Reich. Der Motor war kalt geworden, der Besitzer bastelte an ihm, wir halfen. Ich blickte zum Hause zurück. Unter Schneetannen, im weißen Scheinwerferlicht, sah ich den flammenden Alten und die neue Pippa beisammenstehen und Küsse auf Scheitel und Lippen.

Hier habe ich zum ersten Mal den Pirol rufen hören, ich Städter. Da er die Parke bevorzugt, die sich ins Land schmiegen, mußte er eigentlich in Agnetendorf wohnen, und er wohnte auch wirklich. Ich hörte den Pfiff eines Junivormittags im oberen Zimmer des Eckturms, wo ich in selber Höhe war mit den Baumkronen. So konnte ich ihn wie von nebenan hören, den Oboenschrei, die Wurfschlinge, die jedesmal einen Augenblick in der Luft hängt. Der Ruf läßt eher an einen exotischen Ausbund als an die schlichte Gelbamsel denken, die der Pirol ist. Ein Werber, der auf das Ohr zielt.

Ich kannte damals den Ruf und den Rufer noch nicht, die Bekanntschaft war mir bis zu diesem Augenblick aufgespart worden. Nun kann ich dies feurige Rostbraun nie wieder hören ohne Mittag und Juni, ohne Baumkronen, muß dazu immer die Sonnenluft schmecken, in die ein paar Körner Holzrauch gestreut sind, muß den Rauch sehen, der von den Mittagsfeuern aufsteigt, die krummen bläulichen Stangen. Gut so; alles Glück dieser Erde ist örtlich. Alle Liebe ist haftbar; es gibt keine namenlose Weltliebe, sie sei dann eher verdächtig; Menschenliebe im Pausch, das ist eine Lehre. Aber leicht ist Lehre und Liebe ist immerhin schwer und sie heißt nach Ort und nach Stunde.

Zu Mittag, auf meine Beschreibung, nannte der alte Herr mir den Namen; daß ich den Pirol nicht kenne? und ich solle den gelben Federmann ja nicht erst suchen, ich finde ihn doch nicht; man könne ihn Jahre im Park haben, genau seinen Gattenruf kennen, ohne ihn einmal zu sehen.

Wohl, dieser Eigensinn will nicht, daß man ihn sehe, er liebt nicht den Auftritt. Der seinen Anruf ins Ohr spritzt, warm, immer wieder, zugleich aber scheu ist. So gleicht er viel eher dem Künstler der Zukunft, der im Gegenteil leben wird, ausgewandert, im Spiegel, kein Fürst und Herr seiner Jahre wie der, der sich dieses Haus, diesen Garten gebaut hat.

An Hans Arp

›IM WALD AUSZUSETZEN‹

Ein Dreigebild, Messing. Die drei Teile aufeinandergelegt wie Feldsteine, aus denen die Kinder sich eine Kuh baun. Jedes Teil zu einem dotterigen Rund ausgebildet mit Beulen und Dellen; die zwei kleineren siedeln irgendwie auf dem größeren. Abhebbar lebt jedes von ihnen für sich; allenfalls sind sie untereinander in der Weise von Körnern verbunden, die am selben Tag aufgehn, sich erst ober der schwarzen Erde erkennen.

Was ist abgebildet? Denn ein Bild bildet ab, immer. Offenbar das Gewachs, wenn man diesen Ausdruck bewilligt für etwas, was der Niere, der Stirnhöhle, der Nisthöhle, der Ohrschnecke, der Wegschnecke, dem Walnußkern und dem Regenwurmhäufchen gemeinschaftlich ist, oder der Schwimmspur von Schlangen, oder dem Wasserzopf einer Quelle; denn das alles hat doch Verwandtschaft.

Von allem diesem die Vorform. Sie kann das Ungeborene meinen, das Hodenweiche, das keimende und das Molluske, das sich im Meer unterm Druck von allen Seiten erhält, weich und doch widerständig. Form, die noch schlummert. Wie wunderbar: aus ihr ist alles noch möglich. Das Frühe, das auf Geduld rechnet. Gleich wird es hervortreten, es liegt sich selbst auf der Zunge. Gleich wird es sich aussprechen, gleich wird es vollends erscheinen, und viel später erst wissen: das war sein allergrößter Moment.

Dieses blanke, zusammen-unzusammenhängende Ding trägt den Namen: *Im Wald auszusetzen.* Leicht zu sehn, daß es einen Traum der Unauffälligkeit träumt. Solche Güsse und Steine wünschen es sich: läge einer von ihnen im Wald, daß es dann Keinem auffalle. Das ist der Traum, den sie träumen: fast Alle gehen vorbei. Und sie, die liegen, langsam von Moos und von Flechten begrünt, hätten nach jedem Vorbeigang gewonnen. Sie gewännen den Zuwachs, den jede Nichtbeachtung gewährt, sie behielten ihr ganzes Vermögen.
Diese glücklichen Steine. So genießen sie weiter die Mittagsstille, in welcher das Unbeschwätzte verweilt; nicht die Vernutzung. Wie das gut ist, Dinge zu machen, eingezogen wie Zwiebelgewächse im Sommer. In den Weiher Namenlosigkeit tauchen: Verräter Namen, Verführer Werk, und Ruhm, das Tötungskommando. Im Unbeschrienen, sind sie nicht so gut aufgehoben darin?
Jetzt, wo Entzug ist, könnte man so eine Kenntnis schon brauchen. Eingezogenes Bild eines Menschen. Wie sich im Frühjahr die Staude ausrollt, so einrollend. Wie Austrieb, so Eintrieb. Jetzt heißts überwintern.

VIII Hekate

Die Insel ist mit antiken Trümmern bestreut, Tonscherben, Säulentrommeln, Bossenquader und Wegplatten, alles verwachsen, beweidet. Alte Steine und Ziegen, das ist die Landschaft der noch nicht ausgegrabenen Stätten; es gibt noch viel auszugraben. Wir werden so lange graben, bis wir selber daran sind, ausgegraben zu werden. Inzwischen sieht man, wie der Boden alles wieder in sich hineinschlingt; am einen Ende wird noch gegraben, am anderen überwächst es schon wieder. Als Junge, wenn ich von Schliemann hörte, fragte ich mich: wie ist bloß das alles unter die Erde gekommen? Die Anderen schienen es Alle zu wissen, da will man nicht fragen. Dann sahen wirs selber mit an, wie die Ruinenhügel in Köln und in Augsburg und in Dresden verwuchsen; schon standen Sträucher und kleinere Bäume darauf und im Herbst fielen Blätter. So schnell zugedeckt alles. So schnell zugewachsen; da ist eine Lust aller Dinge, sich selbst zu begraben, daß man das früher nicht so gesehen hat? Will ein Haus neu bleiben? Nein, es beeilt sich zu altern; jeder Gegenstand sehnt sich, gebraucht auszusehn, kommt damit erst zu sich. Nichts will bleiben, alles will mit seinem Ende vermischt, mit ein wenig Sterben gewürzt sein. Die Würze des Tods, von den Dingen wird sie gekannt, bloß von uns nicht; wir sinds, die den Dingen die Dauer, den Werken das Unvergängliche und den Toten die Unsterblichkeit aufschwätzen wollen. Die Dinge wissen es anders. Ihre Ewigkeit: unsere Verwechslung. Es zieht sie hinunter. Nicht lang, so stehen sie bis zur Mitte des Leibs in der Erde.

Archäologie, das Abenteuer, in die Zeiten hinunterzusteigen, um zu gucken, was einmal geglaubt war. Verrückt, nach fremdem Glauben zu graben. Wie um sich zu bestätigen, daß immer Glaube da war. Welche Leidenschaft, welcher verdächtige Eifer. Da hatte man ja schon immer geargwöhnt, die hätten so etwas wie einen Glauben gehabt, und richtig, nun hat es sich wieder einmal bestätigt. Der Verdacht war begründet. Da hat man wahrhaftig schon wieder welche beim Glauben ertappt, schon wieder ein Heiligtum ausgegraben, von welchem man vorher nichts wußte. Da mußte man schon wieder auf einen unbekannten Gott stoßen. Und immer noch ein verschollener Glaube, der aufgedeckt, gesammelt, belegt und in Handbücher gestopft werden kann; unübersehbare Schalenreste und Scherben. Freilich, was die Gefäße vordem enthielten, was in Furcht und Zittern geglaubt war, das ist verdunstet und niemand wagt es, auch nur eine Anzeige, wer da entwichen sei, zu erstatten. Archäologie, die Leidenschaft derer, die ihren Glauben verloren und sich dafür viele ergraben. Archäologie, eine Wissenschaft, die zum Antrieb den Glaubensneid hat. Wie neu, sich Glauben aus der Erde zu holen. Man erhoffte ihn ehemals von oben.

Und während man noch nach dem Griechischen wühlt, schmolz schon der Glaube, der einzige, restliche, von dem das große Abenteuer doch ausging: an Hellas, an das Humane, an Iphigeniens Adel, der kräftiger als alle Sündigkeit sei. Der Glaube, daß Menschengüte eine Verläßlichkeit sei und nicht bloß ein Windhauch und nicht bloß eine Entlehnung –, der Glaube, daß sie eine Felsenburg sei, gut gebaut und bewohnbar, bequem, beheizt und auch sicher, dem Ansturm der Bosheit gewachsen: wo ist dieser Glaube? Hat er sich nicht in die böse Ahnung verkehrt, wir seien Fortgeschleppte von Göttern, einmal liebkost, ein andermal zerrissen, wie Kinder mit ihren Puppen verfahren, jetzt verwöhnt, dann verachtet, dann abgejagt dem einen Gott von dem anderen, da die Götter sich hassen, unter einander, auch das noch, sich verfolgen, dann plötzlich auch wieder übel vertragen, und übrigens sind sie ja mittlere, keineswegs obere Mächte, nicht einmal Herren ihrer selber, allesamt von der schwarzen Kere geritten, und wer sie eigentlich sind, das weiß niemand. Auch sie nicht.

Und Iphigenie, Stifterin frommen Vertrauens in die stetig wachsende Gutheit, stürzt sich in die Felsschlucht. Sie kehrt um zu Vorzeitdämonen. Iphigenie in Delphi. Man kann diesen Felsenriß immer noch sehen, aus dem Dampf wölkt nach Winterregen; es gibt ihn, den uralten Erdspalt, der so viel war: urzeitliche Drachenwohnung, dann Apollons Orakel, und nunmehr Zurückkehr. Rückzug und Einzug; wer hätte auch denken sollen, die Erdgeister, die diesen Unterwelteingang bewohnten, sollten noch einmal darankommen? Jetzt gibt es auf einmal keinen einzigen Ort auf der Welt mehr, der könnte betroffener machen.

Gleich vor der Hafeneinfahrt, direkt vorm Gelände Apollons, liegt ein Inselsplitter im Sund. Dieses Riff, das sich zu einiger Höhe erhebt, war der Göttin Hekate heilig; auch jetzt noch heißt es in der Sprache der Historiker und der Touristen, in einer leichtfertigen Sprache, nach ihr. Aber Hekate? Was will die denn hier? So in nächster Nähe des Lichtgotts die grausige Göttin? die bleiche Erdgöttin, deren Herrschaft die Erde unwohnlich macht und die Heimat unheimlich? die von heiseren Hunden umbellt ist? die selbst Hündin und Wölfin genannt wird? die Gottheit der Dreiwege, also der Straßenkreuze, wo von jeher Gefahr droht und auch jetzt noch Ampeln als ewige Lichter und Todeszeichen aufgestellt werden, mit anderer Begründung, um allgemein deutlich zu machen, wie wohlfeil Begründungen sind? Wie kommt sie hierher, die Meisterin der Gräber, die Beschließerin der Friedhöfe und Aufseherin über die Schatten? die epileptische Göttin? die Senderin von Angstträumen, bösen Ahnungen, Sorgen, die Bläserin von Reue? die verrufene Galgenherrin? die von Gnade am allerweitesten weg ist, die Schlächterin von Tauris? die Pfählerin, Göttin von Auschwitz? Mit ihr kommen Hunde und Hetze.

Betritt man die Insel, doch in Jahren wünscht das kaum jemand, so findet sich nichts unterm Fuß, was einig wäre mit ihm, kein Gras, kein Weg, keine Erde. Der Stein, von Millionen Sonnen geschlagen, wird heiß gegen Mittag. Die Hekateweihe hat keinerlei Spur hinterlassen, kein Tempelrest ist zu sehn. Keine Gründung, wo doch der Granit jeden Meißelschlag aufbewahrt hätte. Aber für Hekate, um dieses Fort ihr heilig zu machen, mußte ja nur ihr Zeichen aufgestellt werden, ein schaurig primitives Symbol: Pfahl mit drei hölzernen Masken. Einen Schindanger zeichnet man so.

Also mitten in reiner Landschaft und Meerschaft, in der Bläue dieser Inselumrisse die menschenhassende Gottheit?

Eine mächtige aber. Noch Augustinus, so viele hundert Jahre danach, kennt sie und nennt sie Anima mundi, Erdgeist, Weltseele. Neben ihr kann, Augustinus zu Folge, nur Zeus genannt werden. Ihm scheint vergleichbaren Rangs nur der Göttervater und eben jene Hekate zu sein: der Herr über Wolken und sie, die Herrin der Erde.

Und nun, in unseren Tagen, die plötzliche Einsicht, daß diese Göttin ein und dieselbe wie Iphigenie sei. Wie Iphigenie, die wir so ins Herz nahmen. Die wir (uns selber freilich mit ihr) so hoch hinauf stellten. Der wir die Züge einer Göttin verliehen. »Denn alle menschlichen Gebrechen sühnet reine Menschlichkeit«, hieß es. Also war sie der Glaube, daß menschliche Schwäche keiner anderen Hilfe bedürfe als eigener. Keiner Rettung, keiner Helfhand von oben. Luthers tagnächtliches Brennen nach einem gnädigen Gott: Bedarf erloschen, keine Nachfrage. Sich selbst retten. Erlösung durch Menschlichkeit; aber was ist das? durch Tugend; aber worin besteht die?

Allerdings ein theologischer Skandal ohnegleichen, lange geschützt durch Goethes ehrwürdigen Namen, auch gehalten durch Demut, die von früher her angespart und noch nicht verbraucht war. Edle Menschlichkeit, Tugend. Gewissen. Aber was ist Gewissen? Man höre das Wort nicht zu schmal. Gewissen ist oberstes Wissen, von dem alles Wissen, das sonst noch gewußt wird, regiert wird. Daß dies in unseren Tagen *die Wissenschaft* ist, ist deutlich. Also ist die moderne Wissenschaft unser Gewissen, sie ist das Gewissen der Neuzeit. Es gibt kein Gewissen daneben; wer sich das nicht zugibt, belügt sich. Sie ist der Glaube der Neuzeit, auf keinem Konzil eingestanden, aber auf tausend Kongressen abgelegtes Bekenntnis. Sie ist die Göttin, die mehr als alles verehrt wird.

Und nun, noch einmal, die schreckliche Einsicht des Alten, seine letzte, daß die Lichtgestalt Iphigenie die schwarze Hekate sei; Beide sind ein und dieselbe. Iphigenie in Delphi. Die sich in die Felsenschlucht stürzt, geöffnete Erde, wo einst, vor dem Göttertage Apollons, der Erdgeist Python gewohnt hat. Iphigenie, die Selbstbestimmung, verwandelt sich vor unseren Augen. Die Göttin von Weimar ist nicht, was man sich von ihr erhofft hat. Sie ist Iphianassa, unmenschliche Göttin der Vorzeit.

Die Mythologen hatten es schon gewußt. Sie hatten es schon herausgebracht vor Jahrzehnten: Iphigeneia, bevor sie das Burgfräulein in der grünen Argolis war und des Orestes und der Elektra Geschwister, war eine archaische Göttin. Sie kannten

die Schlächterin von Tauris, Gehilfin der Hekate oder Hekate selber. Sie wußten es und sie wußten es doch nicht, wie eben Mythologen, Historiker wissen: eine Kenntnis ohne Erschrecken.
Jetzt aber, am Ende des ersten Kriegsjahrs, in der Mitte dieses Jahrhunderts, im Umlauf unklarer Gerüchte, im allnächtlich wachsenden Alpdruck, überfällt den Alten die Klarsicht: daß diese Iphigenie ein und dieselbe wie die schreckliche Hekate sei. Daß sie es wirklich sei, nicht in Handbüchern. Iphigeneia, das Selbstgefühl eines Aions, die Figur eines Lichtjahrs, Zuversicht eines Saeculums und die Hoffnung einer Bedenkzeit: zurückverwandelt in Erdgeist. Die helle Gestalt fließt in eine schwarze hinüber; Rückzug und Einzug. Es war eine weiße Verkleidung.
Der Alte hinterläßt die Ahnung halb mitgeteilt, halb verschwiegen, denn mit Kenntnisnahme ist nicht das geringste getan, bloßes Wissen verdeckt nur. Götter verwandeln sich eben. Erdgeist kommt wieder zur Herrschaft, und anders als irgend jemand gewollt hat. Erde, das ist jetzt nicht mehr das wärmende Dunkle, an das man möglicherweise gedacht hat; Erde, das heißt jetzt Elektronen, Chromosome, Physik, Biochemie und Genetik.

IX

Noch mehr Worte, die hinfallen werden. *Begabung, begabt.* Also Gaben? Wessen? Soll der Mensch, der sich darangemacht hat, die ganze Welt auszurechnen, unsichere Gaben eines unsicheren Gebers abwarten? Der alles herstellt, soll er sich mit Gaben abfinden, die manchmal gegeben werden, manchmal ausbleiben und jedenfalls unberechenbar sind? Begabung wie Almosen? Kann er sich hier, in diesem Hauptstück, verhalten, wie er es sonst lang beendet hat: demütig hoffend und fürchtend, hinnehmend, ohne Menschenrecht geltend zu machen? Kann der Geborene als dunkles Walten hinnehmen, wie die geboren werden, mit denen doch weiter geforscht und gesteuert und also die Welt gelenkt werden soll? Wo doch alles Weitere davon abhängen wird, wie diese Geborenen beschaffen sein werden? Schon dieses *beschaffen*, was soll es? Von wem denn geschaffen? Also bliebe Beschaffenheit Sache des Schaffers, des Schöpfers? Alles könnte erforscht und also hergestellt werden, bloß die Geborenen blieben *geschaffen?* Soll man Weltherstellung betreiben und dies Hauptkapitel auslassen? Hier bliebe der *unerforschliche Ratschluß?* Alles könnte man steuern, bloß nicht wie sie antreten, die steuern? Alles organisieren, bloß das Organ nicht? Das ist keinesfalls zu erwarten. Und man arbeitet ja schon wie im Fieber daran, bastelt frisch an Chromosomen und Zellen, bald wird es soweit sein. Die Geburt berechnen und die Begabung steuern zu können, das ist was

jetzt darankommt. Der Eine tut es, der Andere darf es nicht lassen, man kennt das; längst ist es kein freier Entschluß mehr. Das wird nicht mehr wie früher von der Macht eines Menschheitstraums angetrieben, bloß noch von Forschung. Von Forschung, die einmal im Gang ist. Wir sind nicht die Herren, wir sind lang *die Beute* der Forschung.
Gaben, Begabung, beschaffen. Was für ein Vorgang, der uralte Worte, mit denen gelebt und gestorben wurde, in ihren Aschenzwilling verwandelt und Bilder, die lang, lang geglaubt werden konnten, abdreht wie Lichtbilder? Solche Worte sind auf einer Ergebung gewachsen, die nicht mehr geübt wird. *Talente.* Aber das Wort Talent kommt aus dem Mund Jesu, nur dort her. Das Gleichnis von den verliehenen Pfunden, wodurch dieses Wort Bedeutung bekam, bringt wie die Schnecke ihr Schneckenhaus einen Hügel Ergebung mit sich. Talent, das heißt: nur geliehen. Talent: etwas Anvertrautes. Talent, das heißt: es ist Gnade. Da ist keine Rede von Recht.
Wie unheimlich, über Worte wie über Ausgehöhltes zu gehen. Man gelangt noch hinüber, daß sie gerade noch tragen, aber ließe sich leugnen, daß sie papierdünn ausgeschabt sind wie die verlassenen Wespennester vom Wegrand?
Und *Erbe, Vererbung.* Von Vätern, die lange schon tot sind. Der Eine erbt viel, der Andere wenig, der Eine mehr Gutes, der Andere mehr Schlimmes, es sind ungerechte Geschenke. Es ist das Erzunrecht. Das sind Vorrechte der Geburt, die noch nicht abgeschafft sind, das sind Verstoßungen, die nicht gehen.

Wer will denn noch sowas? Solche Vorrechte werden hinweggeräumt werden müssen; ererbte Vorrechte kann es immer bloß geben, wo man annimmt, sie seien von Gott verliehen, der es so und nicht anders gefügt hat. Das ist dunkles Herkommen. Solang das Unrecht der Vererbung besteht, ist es Betrug, von gleicher Schanze und gleichem Start, von Naturrecht und gleich geboren zu reden. Bleibt immer das schreiende Unrecht, dumm oder klug, gut, böse, stark, schwach, träg oder aufbegehrend, geduldig dienend, nütz oder unnütz, jedenfalls ungleich geboren zu sein. Alles ist anders geworden, dies blieb wie in uralten Zeiten: *das Geschöpf in der Wiege*. Schicksal gebündelt. Ein Bündel aus Schicksal. Ein Bündel aus Sorge und Hoffnung, wo Sorge und Hoffnung doch nicht mehr geschätzt sind; sind sie denn nicht das gehaßte Andere der genauen und sicheren Berechnung, worauf Welt und Leben gestellt wird?
Das Naturrecht muß vorverlegt werden. Und nichts an ihm wird Natur sein. Da wirds heißen: wir wollen *gute* Menschen herstellen. Weil die erste Schöpfung nach Aller Eingeständnis halbwegs geglückt und halb oder gänzlich verpfuscht ist, so muß sie vervollkommnet werden. Wenn die Verstandeskraft hinreicht, die Mängel und ihre Gründe zu sehen, so muß ihr Verbesserung erlaubt sein. Da ist keine Stelle zu finden, wo man sagen könnte: bis hierher. Noch eine Weile Bemühung, dann wird der Geborene gut sein: Erdmann, Adam, der Schöpfer.
So wird es kommen, man wird das ins Aug fassen

müssen. Und es wird bloß die letzte Station sein unter so viel Stationen, zu denen die Neuzeit befeuert Ja gesagt hat. So wirds Zeit, daß man sich auf diese Folge gefaßt macht. Für Viele mag erst diese letzte Folge, eine Schlußfolge, aufdecken, womit sie sich eingelassen haben, schon lange.
Noch jedesmal wurde geschafft, was Forschung sich vornahm. Und warum sollte mans nicht tun? Aus einer Scheu etwa, aus einem so altväterisch lang überwundenen Gefühl? Wo man so lang schon über die Veränderbarkeit des Menschen nachgedacht hat, dies große Thema der Neuzeit? Nun soll auf einmal wieder die Demut, das Waltenlassen, das Schicksal und fromme Ergebung einziehen? Das dunkle Herkommen? Die Gnade? Zu spät, zu spät, übergangen. Mit jedem Mehr Steuerung, das wir gewannen, vermindern sich allerdings Gnaden. Jedes Mehr Lenkung wurde vom Weltenlenker genommen, woher sonst denn. Seitdem der Mensch sich für frei und lenkend erklärt hat, ist wenig Platz mehr für Gnade. Er will ohne Gnaden auskommen. Seine Welt wird gnadenlos sein.
Entweder fromme Ergebung oder sichere Lenkung. Wie könnte man auch, da bei Lenkung alles auf Sicherheit ankommt, die Unsicherheit aller Unsicherheiten zulassen: unsicher geboren zu werden? Alles soll auf Sicherheit abgestellt sein, und hier: unsichere Gaben, mit denen der Eine so und der Andere so auf die Welt kommt? Wie er möchte oder nicht möchte? und einfach so eintritt? Das kann die Gesellschaft der Zukunft nicht dulden. Eines Tags wird

die Gesellschaft es nicht mehr verstehen, wie man das so lange hinnahm.
Man konnte von jeher bloß hoffen, dem Zudrang täglicher näherer Sorgen gewachsen zu sein, wenn man sie unter künftige fernere stellt. Die ferne Sorge: Der Mensch wird hergestellt werden. Dies im Blick, wird mancher Streit zum Vorderbühnengeplärr.

EIN HERRLICH WERK IST GLEICH ZU STAND GEBRACHT

Man vergißt doch nicht: es ist Wagner gewesen, nicht Faust, der den Homunculus machte. Wagner, der Jammermann; zu wenig ist über diesen Wagner nachgedacht worden. Allzulang kollegial geschont von den Auslegern. Aber Wagner, nicht Faust, ist die Leitfigur dieses Jahrhunderts. Doch Faust nicht, der sich mit mythischer Vorzeit vermählt, in Sagen- und in Kaiserreichen verweilt, liebt und zeugt und auf Gnade hofft durch Maria. Niemals kann Faust die Leitgestalt jenes Gangs sein, den wir Alle, ob treibend, ob zögernd, ob wider Willen gestoßen, ob zuversichtlich, ob angstvoll jedenfalls Allesamt gehen. Wagner ist es, auf Forscherleistung bedacht, und er denkt nicht. Er ist der Grenzüberschreiter, und merkt nichts. Wagner treibt fort, wovon Faust sich abgewandt hat: Wagner, enge Stirn, unangefochten. Freilich, das war nicht vorauszusehn mit dem Wagner, als der »Faust« in Jugendzeit ausgelassen begann. Als Hohnfigur fing er an, mögen seine Nachfahren sich dafür beim Dichter bedanken. Dann aber kommt es zu schauerlicher Größe mit ihm. Zwar bleibt er der gründlich Betrogene; die ungeheueren Mächte, die er erfindet, können ihn, den Unmächtigen, nicht mächtiger machen; für ihn wird, außer Nobelpreisen, nichts abfallen. Er lebt dürftig, Urfigur dürftiger Zeit. Macht, die von seinesgleichen gestellt wird, wird von irgendwem aufgelesen, wer halt die Weltgeschichte daherkommt. So ist es: Faust wird erlöst und fährt auf und Wagner, Wagner blieb uns erhalten. Was er in Fausts verlassener Gelehrtenstube betrieb, hatte Folge. Mit Wagner leben wir weiter, mit Faust nicht; Faust, dessen Modernität sich auf Landgewinnen, Urbarmachen, Deichwesen und Kanäle beschränkt, uralte Künste, schon im Zweistromland und bei den Ägyptern zu lernen: Faust, eine rückwärtsgewandte Figur der Romantik. Während Wagner den Menschen herstellt. Die Neuzeit beginnt mit dem Wagner. Er ist der Ahn dieser sanften Gelehrten, die ungeheuere Explosionen erzeugen, dann bei Seite treten, still lächeln und blauäugig in Forscherunschuld verharren, betrogene Diktatoren der Neuzeit.

DER EID DES HIPPOKRATES

Einen hippokratischen Eid hätten die Physiker schwören sollen? Das will man hinterdrein vom Galilei verlangen? Eine gigantische Gutmütigkeit.

Den Eid des Hippokrates? der den Arzt bindet, daß er auch beim Unheilbaren ausharre, auch beim Uralten nachts aufstehe, auch beim Verlorenen einen letzten Versuch mache, wenngleich er sich sagen muß, daß er aussichtslos sei? Aber kann man nicht sehen: der Eid des Arzts geht auf Heilen: also Heilsfragen. Und Physik will sich bemächtigen: also Machtfragen. Also, auf Heilen fällt Licht von der Heilsmacht, so schlecht auch der Arzt sei. Heilen bleibt eben ans Oben gebunden; Heil des Heilens ist nicht zu bezweifeln. Aber Heil, das Menschenmacht brächte?
So hatten die Physiker recht, festzustellen, es gebe nach ihren Befunden nicht das geringste dergleichen und sie wüßten kein *unten* und *oben*.

IMMERTAG

So wenig es im Weltenraum noch die Nacht gibt. Da heißt es Abschied nehmen von Vielem: von der Nacht, in der sich Geheimnis mitteilt, von der Nacht, in welcher der Engel erschien, von der Freudennacht, von der Traumnacht.

X Worte am Wiegenband

Martin Heidegger
dem großen Bedenker und Ereigner der Sprache
zum 75. Geburtstag

Die Insel ist gut mit Geckonen versehen, kleinen Sauriern, zu bagatell wohl, um damals, als die Weltzeit der Echsen vorbei war, mit abberufen zu werden. Ihre Drachenköpfe ragen aus Mauerfugen und über Granittrümmer; da auf dieser Insel alles Granit ist und alles aus Blöcken geschichtet: das antike Wegpflaster, die ausgegrabenen Mauern und die jetzigen Grenzen um Gemüsegärten und Weiden, sind also überall Geckos. Ihr salamandrisches Wesen kommt weither, vorweltlich. In ihnen bezeugen sich Erdkatastrophen, die sie überlebten, sie haben Karbone, Triaden und Kreidezeiten bestanden. Daß sie unter allem Lebendigen hier weitaus die Überzahl haben, schützt vor dem Irrtum, das erleuchtete Alter der Griechen sei mehr als eine Weltsekunde gewesen.
Die Grazien sind ausgeblieben im Falle der Geckos. Ein Gecko hat sich eine Steinwohnung mitten auf dem Weg zum Inselgipfel gewählt, über den Alle gehen; jeden Abend läßt er mich auf zwei Schritt herankommen, um dann wie die Feuerwehr loszurennen, dackelbeinig, denn beim Rennen kriechen sie nicht, sie erheben sich alsdann auf Beine und Zehen und laufen wie die Vierfüßler, die sie im übrigen sind. Sie ernähren sich starrend, ragen phallisch vom Stein ab und lauern.
Während ich irgendwo sitze, kommt so ein Gecko über den Felsen, da springt ihm das Kleine entgegen. Die beiden begrüßen sich, als hätten sie sich eine Reise lang nicht gesehen, heben ihre Drachenköpfe

gegeneinander und züngeln, äußern Freude, es fehlt mir, daß sie sich nicht mit den Vorderbeinen umarmen. Mutter und Kind wohl. Doch es kann auch der Vater sein mit der Tochter; ich bin jetzt ganz sicher, es ist Vater und Tochter. Nun verfällt der Vater ins Starren wie der Ritter Gaspard Zesara im »Titan«, mit dem er, wie ich jetzt sehe, allgemein Ähnlichkeit hat. Während er starrt in den glühenden Mittag, fängt die Gecke an, zärtlich unter der Vaterbrust durchzulaufen; sie kommt auf der anderen Seite wieder zum Rücken herauf, beim Hals schlüpft sie wieder hinunter, auf der anderen Halsseite kommt sie wieder herauf und wieder über den Rücken. Ein Achter in mehreren Ebenen also, recht fesselnd. Jetzt ruckhafter Einhalt und im Gegensinne das Ganze, wie man in der einen Schule den Achter links oben und in der anderen Schule rechts oben beginnt, aber wer möchte wechseln. Indessen starrte Zesara.

›Wiegenband ist ein langer, von allerhand buntem Garn gewürkter schmaler Streiff, so über die Wiege creutzweis gezogen wird, damit die Kinder nicht herausfallen können; man pfleget auch das freie Ende davon so zu nennen, womit die Muhmen oder Ammen die Wiege hin und wieder ziehen.‹ Amaranthes: Nutzbares, galantes und curiöses Frauenzimmerlexicon. Leipzig 1715.

Schwierig: ich sehe ein Handgelenk; drei Finger fahren hinter einen Hemdkragen, der bunt ist, keine Krawatte; die drei Finger fahren die Enge seitlich vom Kinn zwischen Hals und Kragen entlang und ein Mund zieht sich. *Schwierig:* das Wort ist für mich diese Geste. Ich habe keine Erinnerung an Zeiten, wo sie es nicht war. Ist es der Wunsch meiner Mutter gewesen, ein Waschbecken in dem großen Gartenzimmer zu haben, in dem wir alle Fünf schliefen, fünf Kinderbetten an Wänden und das Elternbett in der Mitte, dem wir entsprangen, alle darin gezeugt und geboren? Hat sich meine Mutter mit dem Meister beraten und hat er, im Regensburger Baumzimmer stehend, nach Prüfung der Möglichkeiten für Zufluß und Abfluß, Hals und Hemdkragen zwängend zu meiner Mutter gesagt: »*Schwierig*. Das wär aweng *schwierig.*«? Er ist mir fast gänzlich versunken, der blaugekleidete Mann mit Wergstrang und Rohrzange; aber sein

Männerhals und sein Kragen ist da, und wenn *schwierig* gesagt wird, so muß er drei Finger in den Hemdkragen legen und fahren; ich so sein Nachfahr.

Das ist ein Wörterbuch, wie es in keinem Lesesaal steht: das den Hof von jedem einzelnen Worte enthielte. Auch in keinem Lesesaal stehen kann, denn ein Jeder muß es für sich selbst schreiben und nur er kann es lesen, mit immer nachgefülltem Gewinn. Und endlos, ein Wörterbuch ohne Ende. Von jedem Stammler auf Kindesbeinen in neuem Anfang verfaßt und leider bald abgebrochen, weil so viel Wichtigeres kommt: das Zweckmäßige, von dem sie noch immer nicht gemerkt haben, daß es bei seinen Zwekken nicht anlangt, immer wo anders.

Tatsache: ich sehe die flache Hand meines Vaters, ihre rechteckigen Nägel, die gestauchten Querfalten an den zu großen Fingergelenken; ich sehe die Hand auf den Schreibtisch gelegt und mich streift die Macht, die von dieser Hand ausging. Eine *Tatsache*. Es ist nicht mein Wille, mir diese Hand bei diesem Wort vorzustellen; das war immer beisammen. Unabänderlich, eben Tatsache. Wort, sonst zum Strohwisch geworden, dem sein Korn ausfiel. Aber wie soll es mir eine Gefahr sein, dieses Wort als Konferenztischvokabel zu sprechen, da mich die Vaterhand warnt?

Anderes wüßte ich nicht zu begründen. Warum ich bei *Seele* von jeher etwas klingenhaft Stählernes sah, ist unvernünftig. Aber es ist mir kein Zweifel, daß *Seele* so blau und so kühl wie die Klinge eines Brotmessers ist, oder ob es ein Schwert ist? *Laune:* es stellt sich ein baumelndes Ohrgehäng ein, länglich, ein Tropfen; ich könnte mit einiger Sicherheit sagen, daß es ein Onyx ist, braun und gebändert, nicht durchsichtig. Aber wer die Person war, die dieses Ohrgehäng trug und dazu die Nachrede: *mit der ihren ewigen Launen,* weiß ich nicht. Sie ist fort, ohne Nachricht, wo sie zu erreichen sein könnte. Jedoch ihre Ohrtropfen schlagen.

Glück. Meine Mutter hatte die Gabe, am Wegrand stehenbleiben und mit der Schirmspitze auf ein vierblättriges Kleeblatt deuten zu können. Diese Glücksmelder riefen sie einfach; *ich* könnte stundenlang suchen. Nie habe ich *Glück* denken können ohne diese Schirmspitze. *Glück,* und da ragt sie. Schiebt sich ins Augenfeld, weist auf das Kleeblatt; es ist der schwarz-weiße Sonnenschirm mit Volant: wohin ging er? Nur ein Glück, daß er sich mit dem Glückswort verband; so lebt er, so lange ich lebe. Ich schließe nicht aus, es sind mir auch *Glück* und *pflücken* zusammengeronnen. Denn ich sehe bei *Glück* auch den *pflückenden* Finger und den grünen Stengel des Kleeblatts, wie er zwischen den Daumen und die Mittelfinger gerät und über die Zeigefingerbeuge geknickt wird. *Glück, pflücken.* Gewiß, nicht bloß Suchen und Finden gehören zusammen, es muß auch Empfang sein. Lotterieglück ist noch kein Glück. Organ für das Glück zu haben: ein Glück, das bloß Wenige haben; man hats auch nicht immer. Die Gefäße sind schlecht. Auch vom Glück fließt das allermeiste vorbei.

Habe ich genügend deutlich gesagt, daß es nicht meine Absicht, vielmehr mein Zwang ist, Schirmspitze, Wegrand zum Karthäuserkloster und das vierblättrige Kleeblatt zu sehen, wenn man *Glück* sagt? Und das ist so nicht bloß mit den Worten, auch mit den Buchstaben und Zahlen; auch die sind Geschöpfe mit aufgeworfenen Lippen, rotsamtenen Zureden, wie sie das *m* hat, oder scheinheiligen Augenaufschlägen. Jeder sein Angeborenes; *f* ist grauschwarze Rostpapierfläche, *q* Heimtücke. Doch war es nicht richtig, die Farben so festzulegen als ob sie gelten sollten für immer und Alle, und dann noch Symbolgeschichten zu machen. Eben nicht allgemein gültig. Als Kinder vor dem Einschlafen spielten wir, welche Farbe das *A* und das *E* und *die Null* habe und schrien auf bei der Zumutung, das *J* solle weiß sein, wo es doch unfehlbar zinnoberrot war, und das *E* waschblau, wie auch *der Einser*, der bayerischblau war, wie die Uniform der Hartschiere, Gewehrüber, wie sie vor dem Schilderhaus standen. Da gab es Geschwisterparteien und viel Lärm aus den Betten, und es kam zum Steinzeitverschiß, weil Eines das *U* grün sah. Längst würde ich es mir nicht mehr einfallen lassen, aus solchen Sachen eine Regel für Alle zu machen, Tempelgötzen aus Laren. So gewiß für mich die Zwölf wie kakao bleibt, das *t* spitzzackig, metallen und scheppernd, das *g* wie ein Grashalm, das *x* kupferig, bröselige Oberfläche und billig, und das *eu* lila, zu meiden.

Ich bin sicher, daß Jeder so seinen Bildvorrat hat, vielleicht daß ihn manche verschlampten. Gewiß, es hat nicht viel Sinn, derlei mitzuteilen; das sind ausgeplauderte Liebesgeschichten. Wo doch jedes Wort eine Vertraulichkeit nur mit dem, der es spricht, hat, etwas Niemitgeteiltes. Aber ich kann mir kaum vorstellen, wie es gehen soll, ohne die farbigen Höfe um Worte zu leben. Das müßte ein Leben im Schattenland sein. Bei den Erinnerungslosen.

Fantasie: das Wort ist mir von jeher der Kamm eines grotesken Hahnenkopfes gewesen, aber bunt, lodernd, mit gezackteren Zacken als es beim Hahn ist, wo der Kamm bloß die Freiheit bedeutet, schwellende Mannheit öffentlich hissen zu dürfen, Urfall von Werbung. Glück männlicher Angabe. *Talent:* ich sehe eine triumphierende Handbewegung, die eine schlanke Taille betont, als ob Jemand sagte: »Schaun Sie her, so eine Taille müssen Sie suchen; das ist Verdienst, Geschenk, wie Sie wollen. Aber wer sie hat, hat sie.« Das ist sicher bloß durch den Anklang von Talent und Taille verursacht und wird weiter nichts hergeben; Taille, Talent, das ist kindisch. Aber soll nicht der Anklang im Recht sein, ist nicht auch der Reim eine Macht? Das Herkunftland bleibt dasselbe. Ists nicht so, daß jedes Wort sein Kinderbett hat? So wars, als die Welt noch ein Bilderbuch war: ringsum Mitgeborenes. Mitbürgerschaft aller Dinge. Alles war unbezweifelt und da. Alle Dinge so, daß sich der kleine Zeigefinger daraufdrückt, bis er weiß wird: so befreundet. So geschenkt, Paradies eben. Da fallen die Dinge vom Himmel wie die Sternthaler ins Hemdchen. Und die zählt doch niemand zusammen.

Freilich, Philologie wird den Kopf schütteln zu so einer Stammeskunde der Worte, und noch stärker schütteln zu der Meinung, daß dies eine Wissenschaft sei, also etwas, was wert sei zu wissen und schwer sei. Und immer noch stärker schütteln zu der Behauptung, daß dies die eigentliche Philologie sei, Liebe zu Worten. Da Liebe ja das Nichtvertauschbare ist; warum soll Philologie sich also bloß mit dem Begreiflichen und Auswechselbaren, dem Übersetzbaren, Lehrbaren abgeben müssen, mit dem Ableiten? Bloß mit dem, was das Nachrichtliche ist an den Worten, bloß mit ihren Richtigkeiten, ihren Daten, ihrer Meßbarkeit, ihrem Münzwert?

Denn es hat seine Kraft doch bloß dann, wenn es jedesmal von weither kommt. Das ist wie beim Vergrabenen, auf dessen Blühen die Schatzgräber hoffen, die wissen, daß Gold in Vollmondnächten aus Tiefen aufrückt, um sich ein wenig zu sonnen. Da heißt es natürlich dabei sein. Da heißt es, die Stellen und Zeiten zu kennen.

Hier, dies ist die wahre Liebe zu Worten. Dies ist das Unvertauschbare eines jeden Wortes, sein Diesmal. Das wird mit jedem Kind neu geboren. Hat nicht auch Kinderzeichnung so lang für etwas gegolten, über das man bloß zu lächeln braucht oder zum Schein ernsthaft nicken? Und dann, mit einem Mal, hat man sie gesehen. Mit einem Mal hat man sie zu sehen bekommen, und dann ist so eine Märchenpalme aus dem Scherbentopfe geschossen.

Ob auch Wissenschaft wirklich bloß das ist, was wir jetzt darunter verstehn, in dem davon besessenen

Europa: das Beweisbare, Meßbare? Wo sich doch lang schon herausgestellt hat, daß Beweise nicht weisen und das Messen ins Unermeßliche brachte? Da ist viel am Ende. Da sind Berge von aufgeschütteten Worten, die leer sind. Wie nach einem Durchzug von Heuschrecken: die Schwärme vorüber, aber zehntausend Schwirrer zu Boden gegangen, und Halden von Bälgen an weiße Mauern geweht, untermengt mit Kalkstaub der Straßen, mit Disteln, knallroten Zigarettenhüllen, verlassenen Wespennestern und Blech, ohne Widerstand, wenn man darauftritt und wenn man den Fuß wieder fortnimmt zurückfedernd: farblose Spelze von Kerfen, Zellophanmüll, Chitinschrott. Strohworte, leergewordene Begriffe.

GROSSER VORRAT

Wie man sich, vor dem Einschlaf, Spiralen, Sterne und Funkereien bestellt aus der Stollentiefe von Nachtschwarz: Gezacktes, Gestreiftes, Geringel das aufschnellt, Seepferdchen, Affenärsche, bebrillte Fuchsschnauzen und Bogen, die Buben mit Andacht verrichten. Sätze aus Telefonen, die in die falsche Leitung gerieten, Käfergehumpel und Asselaufregung, und manches kommt so rapid, daß man wegzuckt. Nicht lang, so hat Einen das ganze bunte Gestöber ins Unbewußte geholt, aus dem es geradenwegs herkam.

WIE DIE MÄDCHEN

Nichts kränkt einen Satz mehr, als wenn man über seine Bereitschaft, sich mitzuteilen, hinwegging. Wenn man ihn einmal versäumt hat, vielleicht weil man nicht Licht machen wollte oder weil es zu umständlich war, unterwegs in der Jackentasche nach einem Bleistift zu kramen, wird er sich eine Menge ausdenken, um einen an der Nase zu führen. Da dachte man wohl, man habe ihn ja und könne sich Zeit lassen, ihn fertigzumachen; da verdarb mans. Nun wird er sich sträuben und sperren.

EHELICH

Es gibt eine angeborene Monogamie in Bezug auf die Sprache. Da will es bloß ehelich gehen, nur mit der einen zugewiesenen Mundart. Diese leichten Verhältnisse mit allen möglichen Sprachen, das möchte ganz nett sein. Aber es will sich nicht machen, man hat es versucht und versucht und es wird nichts. Diese Abenteuer und Bandeleien, diese Liebschaften: man ist nicht moralisch und möchte wohl schon, aber leider, es wird nichts und wird nichts.
(Was mich angeht, so bin ich éternellement fiancé mit dem Deutschen.)

XI

In den letzten beiden Jahrhunderten alter Zeitrechnung ist die Insel der Haupthandelsplatz für Sklaven geworden, Sklavenmarkt für den Weltkreis der gesamten Antike. Wie das so ist, für jede Ware empfiehlt sich ein Weltmarkt; Diamanten kauft man in London, Seide in Lyon, Bilder in Paris, Bücher in Frankfurt; Sklaven gab es auf Delos.

Man steht auf dem Pflaster, auf welchem der Handel stattfand. Es war ein schnelles und leichtes Geschäft. Es wurde geradezu eine Redensart für etwas, das flott geht. Wie wir sagen: eine Sache geht wie geschmiert, so sagte man damals: das geht ja wie Sklavenverkaufen. Strabon schreibt, es sei so gegangen: Angefahren, ausgeladen und auch schon verkauft, und daß an einem einzigen Tag oft Zehntausende solcher Unglücklichen umgesetzt worden seien.

Unbegreiflich. Das geschah auf der heiligen Insel, dem Herzstück der griechischen Welt, und der große Apollon sah zu, hatte nichts dagegen; in seinem Namen geschah ja, was auf der Insel geschah. Gleich daneben war ja sein Hauptbild und Urbild, aus Erz, früh; wir wissen nicht, wie es aussah; es war hochgelobt und ganz sicher eines der ergreifendsten Götterbilder, die es je auf der Welt gab.

Niemand spricht gerne davon. Niemand weiß auch so recht, ob das Ganze so schlimm war, wie jetzt manche gern möchten, oder noch schlimmer. Mag wahr sein, daß das Sklavenleben im Haus, im Geschäft, auf dem Lande nicht unerträglich sein mußte; ein Leben wie es der göttliche Sauhirt Eumaios geführt hat, der Ursklave, möchte manchem gehetzten Sklaven seines modernen Betriebs Neides würdig erscheinen; an Seelenruhe war der Sauhirt schon reicher. Und wer etwas konnte, wie Brygos, der Töpfer, der die kostbarsten Gefäße der Antike gemacht hat, gelangte zu Ruhm und zu Ehren. Und Ion. Denkt an Ion, den Tempelsklaven, der auf dem heiligen Berg bleiben will, als man ihm die Freiheit anbietet. Er verzichtet. Das zerstreute Leben der Stadt, der Umtrieb, die Ehrenjagd, die dort alle mitjagen und jeder will, daß der andere weniger wert sei: das scheint ihm schlimmer, nicht besser. Als Sklave fühlt er sich freier.

Und dennoch. Dieses Verkaufen, dieses Verschleppen, Verhandeln bleibt eine unauslöschliche Schande. Sklaverei, das heißt ja vor allem verschleppt sein, verkauft sein. Sklaverei ist Heimatverlust. Elend ist unfreiwillige Fremde. Dieses Heranführen aus dem Irgendwoher, aus Syrien, Lydien, Judaia, Kilikien, dieses Ausladen und Wiederverladen und das unbekannte Wohin, diese verdammte Ähnlichkeit mit Truppentransporten. Dieses Kommandieren und Antretenlassen, Abzählen, Besichtigen, Einteilen, das doch gewesen sein muß; dieses Trennen von Familien, von Verwandtschaft und Freundschaft; dieses planvolle Durcheinanderbringen; dieses Schicksalspielen, eine Rolle, die bei solchen Gelegenheiten immer irgend einem Handlanger zufällt –: mir, der ich damit geschlagen bin, jede vierte oder fünfte

Nacht einen Quältraum von Eingezogenwerden, Kaserne, Transport und Verschickung zu träumen, der ich mein Leben lang dazu verdammt bin zu fürchten, verplant, erfaßt, nummeriert, gebündelt, erbeutet, mit weiß Gott wem zusammengepreßt und versendet zu werden, sah mich auf diesem von der Sonne geschlagenen Marktplatz von einer blauen Unheilwolke verschluckt. Mir schien, nur Stumpfsinn könne die Beklemmung, die so ein Platz ausgibt, tragen.
Nachdem war diese Insel durch Jahrhunderte öd, von Göttern, von Menschen verlassen. Nur Trümmer. Kein Boden für Hirten.
Jetzt belebte sich wieder die Szene. Wenn man im Morgen auf einer Anhöhe steht, sieht man zwei, drei große Schiffe auf Reede, jeden Tag neue, deren jedes ein paar hundert Reisende aus seinem Bauch drückt, und Boote, die sie an Land schaffen. Man sieht Eingeteilte schubweise vorgehen, Kommandorufe, alle möglichen Sprachen. Es sind Landfremde, offensichtlich Verschleppte. Es scheint, sie dürfen sich nur in Kolonnen bewegen. Zuweilen läßt sich ein Einzelner sehen, ein Einzelner, das ist selten in diesem Jahrhundert. Aber dann rafft er sich wieder, sucht Aufschluß; es hat sich bloß um einen zurückgebliebenen Fotografierer gehandelt. Wie ist das? Das kann doch so weit nicht entfernt sein von den Bildern von damals? Wenn man die Linien ihrer Fortbewegung nachzöge, es ergäbe dieselben Figuren; man braucht bloß zu lesen.
Plankton der Neuzeit. Mischt man sich unter die Scharen, so verstärkt sich der Eindruck, daß es sich

um Ungesegnete handelt. Das ist doch kein Festgewimmel? Das sind doch nicht etwa Beglückte? Wer strahlt denn? Ein Truthahn kollert, was er sagt, ist nicht zu verstehn, doch sie lauschen. Es scheint wichtig zu sein, aber Niemanden glücklich zu machen. Wie sie trüb hinhören, können sie unmöglich alles behalten; es läuft so an ihnen herunter, betrielt sie. Immer mehr, immer Neues, eine Nachricht vertreibt ja die andere; wahrscheinlich ist es ein ausgedachtes Verfahren, sie zu immer leeren, gierigen Sieben zu machen. Sind das Kurse, um das Sofortvergessen zu lernen? Vielleicht hat man ihnen gesagt, daß Wissen mächtiger mache, fröhlicher, stärker; aber man sieht nichts. Vor ihren Augen steht nichts auf, ihre Gesichter gleichen Kinderballonen, die auskamen, hängen blieben, irgendwo, im November, schlaff wurden. Manche hoffen auf später und daß sie darauf zurückkommen könnten, irgendwann, wenn sie besser in Form sind; sie verlegen sich deshalb darauf, jetzt bloß Bildnotizen zu nehmen. (Man muß einmal beobachtet haben, wie sich so Einer nach dem Klick seiner Kamera von der Sache, von der er sich vormacht, daß sie ihm unermeßlich viel wert sei, abwendet.)
Wie sie dastehn, vorgebeugt, hörend. Das ist ihr Schattenhunger nach Informationen, die sie freilich gleich wieder vergessen, ohne stattgehabte Empfängnis, für die auch keine Möglichkeit war, da sie streng nach Tabelle reisen und dazu noch mit Pillen vorgebeugt haben. Sind das Feiernde, wie ihre Buntheit, ihre Entkleidung, ihre Verlarvung vorgibt, da sie

sich wie auf einem Faschingsfest tragen? In der erbarmungslosen Vormittagsonne schleppen sie sich wie Geschlagene dahin. Nicht Geführte: Angeführte. Wen auch sollten die Trümmergassen, durch die man sie stößt, froh machen? Wen die leeren Göttergehäuse beglücken? die man zu Hause auch hätte? Sollen sie mit Zuversicht füllen, die zerbrochenen, ausgewaschenen Schalen, die von der Zeitenflut und -ebbe an den Strand geschwemmt sind und in deren Winkeln Muskelreste verwesen? Wie unendliche Schwermut.

Das geht zwei, drei Stunden, bis die Erschöpften, die Ausgeleerten über die Stühle des Wirts hängen, der sie seinerseits ausleert. Er ist fröhlich unter so vielen Zuwideren; ihn plagt kein Zweifel über den Sinn ihres Kommens. Wenn sie alle kassiert sind, abschleichen und Ruhe auf der Insel einkehrt, pflegt er täglich dieselbe Armbewegung zu machen und zu sagen: »Fort die Fliegen!«

Keine Glücklichen also. Sie bewegen sich frei, es sind keine Verkauften, Verschleppten. Es sind Freie, aber fühlen sie Freiheit? Umarmen sie Heimat? Ist ihr Dasein erfrischter, ihr Tag voller geworden? ihr Lieben kräftig? glänzen Augen? Wohl, sie sind, was man Herren nennt, aber ist ihnen herrlich? Wer das sagen wollte. Wer die Tollkühnheit hätte.

Elend war einst das Wort für die Fremde. Sklaverei, das heißt Fremde; Fremde heißt Schwund, Leere und Liebesverlust. Wem seine Heimat nicht mehr rühmlich erscheint, der lebt als Sklave. Alle Verdrossenen: Sklaven der Neuzeit. Alles so fad, ohne Farbe. Viel

Kenntnis, aber alles schattenhaft, windig. Nie gab es so viele Informationen, aber alles bleibt formlos, Sandback vom Spielplatz, der immer gleich wieder zerfällt. Alles so fremd geworden, daß alle Tage voll davon sind und Jeder die Klage im Mund führt. Siehts nicht so aus, als wolle dem unerhörten Gewinn an freier Verfügung der Schattenmitlauf einer immer größeren Knechtschaft entsprechen? Der Wohlstandsklave. Wie verkehrt es wäre, den guten Reisescharen einen Vorwurf zu machen. Sie sind bloß die Fähnchen, die ausgesteckt sind für uns Alle: bunte Wimpel des Zeitgeists.

Wie Jeder es fertig brachte, im Fremdland der Neuzeit zu leben, im sinnlosen Schattengeschäft, unter dem Terror, der nicht mehr so dumm ist, blutig zu sein: das wird das einzige sein, wonach man uns eines Tags fragt.

Es ist leicht möglich, daß mit den Leiden der römischen Sklaven verglichen die Summe der Negerleiden ein Tropfen ist.« Der große Mommsen handelte richtig, als er diesen Satz aufschrieb. Aber konnte sein Wunsch sein, die Leiden der Einen gegen die Leiden der Anderen zu wägen? Ist ein Leid mit dem anderen zu messen? Vielmehr muß er gefürchtet haben, als Schilderer eines so lang schon ausgestandenen Leidens den Leser unbeteiligt zu lassen; das Ungerührte, das man sonst einen Ruhm der Wissenschaft nennt, muß ihn geschreckt haben. Deswegen zog er die Negerleiden heran. Die Leiden der römischen Sklaven wollte er groß machen, so schien es ihm ratsam, einen Schuß Gegenwart ins Längstvergangene zu tun; historische Leiden sind keine. Und mehr noch. Er muß gewußt haben, daß Mitleid in steter Gefahr ist, gefühlvoll nichtig zu werden. Aus dem Grund setzte er dem Mitleid, das er erregte, eine Gabe Mitschuld bei: deswegen die Rede von der gegenwärtigen Schande. Ganz sicher, er wußte: nur Mitschuld würde die Belastung mitbringen, ohne die seine Anklage Klage und das Mitleid der Lesenden leer blieb.

Nur ein kaltes Herz kann Geschichte schreiben ohne vor Schauder zu krampfen, nur die Unwissenheit ruhmreiche Stätten betreten, ohne die Schreie zu hören, die Geschichte Gequälten abgepreßt hat. Wer diese Insel betritt, müßte eine Blutwelle die weißen Gassen herab auf sich zukommen sehen.

Drei Mal in hundert Jahren sind alle Einwohner dieser Insel umgebracht oder vertrieben oder verschleppt oder als Sklaven verkauft worden. Zuletzt war sie leer von Menschen geworden. Niemand hatte mehr Lust, sich dort anzusiedeln, wo so viel Unglück geschehn war. Eine Toteninsel ohne Lärm, ohne Leben, ohne Abfahrt und Ankunft und Schiffe und was sie vorher so bunt gemacht hatte. Vorbei alles. Geschichtslosigkeit, dieses strahlende Wetter, wölbte sich über der Insel. Aber bis dahin.

Als die Römer nach Griechenland kamen, stellten sie fest: hier gefiels ihnen. Schnell begriff ihr Talent für den Wucher: Friedensinsel, Mittelpunkt, gleichweit von allem entfernt, Wallfahrt, heiliger Hafen –: gut, sich dort festzusetzen wie eine Spinne, die das Griechennetz überwacht. Um es unauffällig zu machen, kamen sie auf den Einfall, die Insel den Athenern zu schenken. Aber das war, wie wenn man eine Gliederpuppe, die man durch Fäden regiert, mit einer noch niedlicheren Puppe beschenkt; die größere freute sich noch. Praktisch veranlagt, trieben sie erst einmal die Inselbewohner, die von jeher dort saßen, bis auf das letzte Kind aus; sonst gab es ja

doch keine Ruhe. Die Delier fanden irgendwo Land in Achaia, gingen auf, wurden vergessen. Als das erledigt war, sagte man: Heiligtum und trieb Handel. Aus Andacht wurde Geschäft, und kein schlechtes. Also blühte die Insel, wenn nicht als Tempelstadt, so doch als Markt und als Börse; es ging hundert Jahre.
Da erschien Mithridates, der Schwarzmeerkönig, der Alexander des Ostens, Roms Hasser; Cicero sagte: der größte aller Könige, mit denen Rom jemals Krieg geführt hatte in seiner kriegereichen Geschichte. Mit zwanzig Jahren König von Pontos, hatte er sich in vier Kriegen zum Herren der Schwarzmeerküsten gemacht, stand am hellespontischen Eingang nach Hellas. Die Griechen, den Römern erlegen, aber romantisch im Widerschein einstiger Glorie befangen und Hochmut von dorther ableitend, mußten dem jungen Fürsten Hoffnung zuwenden; nicht Wenige hielten ihn für den Retter. Der Schwung, mit welchem der Held weiter vordrang, schien ihnen Recht zu geben. Er stürmte in Anatolien in das griechische Morgenland ein; es sind des Homeros, Herakleitos und Herodotos alte schimmernde Küsten. Nach sechs Monaten war er der mächtige Herr vom äußersten argonautischen Ende des Schwarzmeers bis Kreta. Roms Größe stand auf dem Spiel.
Da ging der Blutbrief von Ephesos aus. Das war ein Brief des jungen Eroberers und Königs an alle Stadtoberhäupter mit dem Befehl, am dreißigsten Tag nach dem Briefdatum sollten alle Römer, die sich am Orte festgesetzt hatten, Kaufleute, Soldaten, Beamte, mit ihren Frauen und Kindern umgebracht

werden. Da der Haß gegen die Fremdherren, gegen die Ausbeuter grenzenlos war, geschah alles pünktlich. Nicht einmal bestattet durften die Gemordeten werden, das Asylrecht war aufgehoben, die uralten Tempelstätten der großen Mutter durften nicht schützen; Mord an Altären. Es war ein gräßliches Blutbad; sogar dem zwanzigsten Jahrhundert wäre es aufgefallen und in Erinnerung geblieben.

Im Jahr darauf kam die Insel Delos daran, das Herz der Aigais, der Großplatz der römischen Händler. Eine pontische Flotte zog auf, ankerte wo jetzt die Schiffe der Reisenden ankern, Überfall, fürchterliches Gemetzel. Zwanzigtausend Gemordete, wie Appianos und Andere versichern, und ihre Frauen und Kinder wurden auf denselben Plätzen als Sklavenmägde verkauft, auf denen sie bisher selber, Sklaven verkaufend, schwerreich geworden waren. Dazu die freigewordenen Vermögen, dazu die Tempelschätze der Insel, die goldenen und erzenen Götterbilder, und es war doch das Schönste und Kostbarste aus griechischen Werkstätten hierhergekommen, durch Jahrhunderte. Was sie nicht brauchen konnten, zerschlugen die Landser.

Was dann immer noch übrig blieb, holten die Seeräuber. Die, mit ihren gold- und silberglänzenden Admiralschiffen, verwegene Fremdenlegion, waren damals die Herren des Weltmeers. Eine fliegende Großmacht, die so diszipliniert war wie der mächtigste Gang von Chicago, hatte im Kopf eine Seekarte, auf welcher die Heiligtümer, die dem Meere zu lagen, angemerkt waren, wegen der Tempelschätze, die sich an Wallfahrtorten ansammeln. Großmeister des Hasses, wie solche Herren Ohneland sind, verquasten sie auch, was keinen Gold- oder Elfenbein- oder bronzenen Wert hatte, nur weil es den Seßhaften wert war. Sie warfen, als sie über die Insel herfielen, die archaischen Götterbilder, die uralten Holzbilder, eines jeden Heiligtums süßen mächtigen Nußkern, ins Meer.

Aber das war nur das Nachspiel. Der Todesengel der Insel war zuvor schon jener Schwarzmeerkönig gewesen, der Griechenland befreien wollte von Rom.

Und er war doch die Hoffnung der Griechen, dieser goldgerüstete König, dieses herrliche Scheusal, den die Athener im Grunde nicht mochten, der aber die Rettung sein konnte des schwach gewordenen Hellas, und schön war er auch noch. Die Geschichtschreiber schwärmten. Durch Jahrzehnte war er die am meisten besprochene Figur in Rom; nicht ohne Spott schrieb Sallustus, er habe drei der größten Feldherrn der römischen Geschichte verbraucht. Wohl, den Chronisten konnte er recht sein, der meteorische König, in dessen Leben es zuging wie es bei Shakespeare zugeht, da schon seine Mutter in dem hamletischen Ruf stand, bei der Ermordung des Gemahls und Königs die Hand im Spiele gehabt zu haben. Weil der Prinz im Verdacht stehen mußte, Rächer des Vaters und Rivale der Mutter zu werden, verließ er mit vierzehn Jahren die Burg, verscholl, lebte sieben Jahre ein Partisanenleben in den Hochgebirgen des anatolischen Nordens, sich an Winterkälte und Durst und Hunger gewöhnend, wilde Tiere bezwingend, unbändig. Das war eine Körperschule für später. So war er als König von Pontos im Stand, mit wechselnden Pferden zweihundert Kilometer im Tage zu machen, überall dazusein, wie Napoleon, wie aus dem Boden gewachsen. Unglaublicher Esser auf Wette, erstaunlicher Trinker, konnte er ebenso gut mit wenig und gar nichts auskommen. Mißtrauisch wie Stalin, war er besessen von der Idee, eines Tages vergiftet zu werden; er zog die Folgerung daraus, sich zu einem Toxikologen zu bilden und sich durch kleine Dosen aller möglichen Gifte widerständig zu machen. Hundert Male verwundet, krank nie, auch nicht alternd, war er, wie Plutarchos erzählt, noch zwischen Sechzig und Siebzig im Stand, in der vollen Rüstung aufs Pferd zu springen, was ein Sport der Zwanzigjährigen ist. Nach Westen blickend kam ihm Athen vor, wie Einem, der im Ural haust, Paris dünkt, und da er griechisches Wesen von jung auf anzubeten gewohnt war, verstand er zu reden, konnte bezaubern, hielt auch darauf, in jedem Lande die dortige Sprache zu sprechen; wie wichtig ist das für Eroberer. Plinius und Quintilianus und Gellius widerstreiten, ob er zweiundzwanzig oder dreißig oder fünfzig Sprachen gekonnt habe, jedenfalls eine Menge; gewiß ist, daß er mit jedem Söldner, jedem Unteroffizier seines Heers dessen Sprache zu sprechen vermochte; wie ihm das die Herzen zubrachte. Jung schon mit seiner Schwester Laodike vermählt wie ein ägyptischer Gottkönig, hat er im Lauf seines Lebens unzählige Frauen besessen; Pompeius, sein letzter Besieger, erbeutete Liebesbriefe von ihm an die schöne Monime, eine Griechin, die er fünfzehn Jahre hindurch leidenschaftlich geliebt hat; die Römer, sich eher im Laster auskennend oder kalte Hausväter, konnten sich lang nicht beruhigen über die Leidenschaft dieser Post. Später, als der Löwe zu Tode gehetzt war, die furchtbaren Schläge des Lucullus und des Pompeius ertragend, war er eifersüchtig, daß seine Frauen nach ihm die Lieben eines Anderen sein könnten; so erließ er einen allgemeinen Sterbebefehl, den die Schwestern, Gattinnen und Hetären mit Giften und Halsschlingen willig ausführten, so daß das gesamte Frauenhaus in den Tod ging.

Kein Zweifel, daß dieser König mit dem silberklirrenden Namen den großen Alexander nachlebte, dessen Tod damals mehr als zweihundert Jahre zurücklag. Dennoch, die Vorstellung Alexanders war noch lebendig: ein Reich, in dem Hellas mit Persien verschmolz. Welcher Entwurf auch: Griechenland und der alte Osten verbündet. Marathon überwunden, der schreckliche Zwang einer Erbfeindschaft zwischen Griechen und Persern gelöst. Hellas, Persien und Syrien, das Zweistromland, Ägypten, Judäa, das Land, auf dem einst Babylon und Ninive standen, die alte Wiege vereint. Der Traum Alexanders von der anderen Seite geträumt. Der alte Weltkreis, für dieses Mal nicht von Westen, sondern von Osten gespannt. Gleichviel: der Weltkreis.

Solang dieser prächtige, furchtbare, grausame, strahlende König gelebt hat, stand die Waage auf gleich. Hier das Bild eines römischen Weltreichs, wie es

dann kam, dort ein hellenistisches Ostreich, neben welchem für Roms Größe kein Platz war.
Rom wuchs, Alexanders Traum brach zusammen. Die Welt wurde römisch. Aber immer noch werden nicht Wenige *gegen* diesen Entschluß der Weltgeschichte geboren. Immer noch wird man entweder als Römer oder als Grieche geboren, immer noch wird von versprengten Griechen der Traum Alexanders geträumt.

Throne entsühnen, das spricht gegen die Throne, von Purpurmänteln rollen die Tropfen der Schuld ab, wie kommt das. Marschallstäbe haben die Kraft loszusprechen, wer hat ihnen die Gnade verliehen? Kronen rechtfertigen. Jeder Einzelne eines Volks, dem es gut geht, ist Erbe von Mordtat, Gewalttat; das sollte die Federn erzittern machen, die das Gewesene aufschreiben. Aber denken die Erben von Mördern daran, die Mörderbeute herauszugeben, wenn sie sich über die Missetaten der Mörderväter entrüsten? Dem Sieger wird immer verziehen. Dann sind auf einmal aus Morden Unvermeidlichkeiten geworden, und bedenkt doch das Gute, das aus der blutigen Quelle mitkam. Wenn es gut ausging, werden Raubzüge Erwerbungen und Beutezüge Gewinne genannt, das hat uns so satt gemacht von geschriebener Geschichte. Wer überlebt, der darf richten; wie billig macht das die Scherbengerichte der Nachwelt. Der Sieg und das Überleben sind es, die Recht sprechen. Das ist der melancholische Schlußstrich.

XII Byzantion

Erzengel Michael hat seine Flügel entfaltet. Er steht auf einer Edelsteinwiese, in deren moosgrünen Glasfluß Rubine und Körner von Weißem und Gelbem gesprengt sind; das seien Blumen. Der Glasfluß ist halb und halb durchsichtig, der Goldboden darunter wie Ufergrund zu vermuten. Jede Linie, jedes Auge, ein Mund ist aus einem Goldsteg gemacht, also stehen viele kleine und größere, auch winzige Zellen nebeneinander, kleine Tröge, die aus Goldgrund und goldenen Grenzen bestehen, und jedes Tröglein ein Farbfeld; geschmolzener Glasstaub. Die alten Rezepte nennen himmelblaue und veilchenblaue Glasschmelze, dann türkisblaue, meerblaue, lohbraune, mönchskuttenbraune, granatrote, kardinalrote, korallenrote, fleischfarbene, schwarze und weiße. Die Farben in sich nicht stufig, jede ist einig mit sich, abgegrenzt wie ein Machtbereich auf der Landkarte. Und frisch wie etwas, das soeben gemacht ist, der Veränderung nicht unterworfen, nicht dunkelnd, nicht blassend, nicht blätternd; die Ofenglut, die den Glasstaub zu flüssigen Steinen verschmolz, glüht noch.

So ein Meergrün mußte aus Griechenland kommen, das ist die Aigais. Wer das gemacht hat, muß dort gelebt haben, hat an aigaischen Ufern gestanden, hat von kleinen Schiffen in die beruhigten Tiefen geblickt, hat auf Felsenhöhen gewohnt, ein Jahr lang, zehn Jahre; hat aus dem Fenster der Zelle auf die schwere Lösung aus Wasser und Meersalz und Klarheit gesehen, morgens und abends. Jetzt wünscht er nichts mehr zu verheimlichen. Alles soll klar sein wie das Gesicht eines Kindes, wenns aus dem Mittagschlaf aufwacht; blaue Augen, und alles vom warmen Blütchen durchflossen, was für ein reinliches Prangen.

PALA D'ORO

So viele Tafeln zu einer Ikonenwand zusammengesetzt, eine nicht abzusehende Pracht. Eine Morgenwohnung. Das ist Kosmos, der Hochgeschmückte, das ist die Überzeugung der Griechen, diese Welt sei vollkommen: unfaßbar für unsereinen, dem sie von jeher gefallen, mißglückt, aus den Fugen geraten erschien. Wenn aber jemals vom Paradies erzählt worden ist, dem zwar vorübergehend verlorenen, doch sicheren: so auf solchen Tafeln. Eine frohe Nachricht für Alle. Eine ganze Stadt konnte leben davon.

ACHTZEHNJÄHRIG

Da wäre manches für das Archaische zu lernen gewesen, von diesen byzantinischen Schmelzen. Ist zu verkennen, daß diese Heiligen das Maß der attischen und der dorischen Jünglinge haben? Nach einem Jahrtausend scheinen sie wiedergekommen, noch einmal stehen sie da. Jetzt heißen sie heiliger Michael und heiliger Giorgios und heiliger Dionysios und Johannes, Johannes vor allem, von den Griechen von jeher geliebt. Achtzehnjährig, stehend auf Goldflüssen, drängen sie sich auf die Ikonenwände in Scharen, so wie sie sich zu den Festen, zu den Tempeln gedrängt haben müssen und hier auf der Insel noch drängen. Sie sind unter sich ähnlich als wären sie alle Geschwister; entschlösse man sich, sie anzuhören, anstatt daß man sie immer nur ansieht, so käme heraus, sie sagen Alle dasselbe. Was ist es?

Stehen am Start, mit Sorgfalt, gesammelt, entschlossen gegen die Laufbahn. Jetzt wird ihr Leben beginnen. Sie haben alles vergessen, nur ihre Zukunft ist da. Den Leib eingezogen, sind sie dabei, sich wie die Bälle zu werfen. Der Schritt, zu dem sie den Fuß schon vorgesetzt haben, schnellt sie über die Marke, von der ab alles bezahlt wird; bis dahin haben sie immer empfangen. Sie brennen, jetzt möchten sie unter die Geber. Wie sie da stehen, sind sie ihre eigene, nicht ausgegebene Kraft; nicht einmal angebrochen ist sie. Es ist etwas da, das sie abhält, Genüsse aus ihr zu ziehen. In diesem Augenblick, wo es ihnen so leicht scheint zu leben, nur Sieg möglich, Mißlingen nicht einmal in Rechnung gezogen, scheint ihnen zugeflüstert zu werden, daß es die köstlichste Köstlichkeit sei, die Frucht ungegessen zu lassen. Sie wären zu jedem Opfer bereit und gar nichts kostet es ihnen. Darin besteht ihre Heiligkeit: das Opfer wäre das größte und ihre Überwindung die kleinste. Nie wieder wird es ihnen so leicht fallen.

RASIERTE WANGEN UND DIE AUGEN VOLL HOCHMUT

Zuweilen möchte man meinen, Geschichtschreibung sei eine etwas umständliche Art, auf vielen tausend Seiten über das Eigentliche zu schweigen. Wenn die Leiden, aus denen die Weltgeschichte besteht, der Partei des Schreibers zu Last gehn, wird viel und gerne geschwiegen; es braucht nicht Absicht zu sein. Die Federn sträuben sich eben. Sonst müßte Geschichte ja unaufhörlich von sich selbst sagen, daß sie das Grauen sei, daß ihr die Untergänge gefielen, daß es das Leid sei, woran sie sich sättigt und Angst sei ihr Herzschlag. Es bedürfte eigentlich immer eines tragischen Dichters, um ein Stück Geschichte zu schreiben; Sachlichkeit trifft und verfehlt. Was geschah, war eben nicht sachlich. Im Grunde ist es unmöglich, Geschichte zu schreiben, Geschichte wird nur erlitten.
Ich erinnere mich nicht, daß wir in der Schule etwas darüber gehört haben sollten, was man dem unglücklichen Griechenland im Laufe der Neuzeit angetan hat. An dieser Stelle pflegen die Leute zu sagen: Jaja, diese Türken. Das ist gut; wir müßten die Türken erfinden, wenn sie nicht gewesen wären; sie haben uns nämlich das schlechte Gewissen erspart. Denn das schlechte Gewissen dauert bei Völkern allerhöchstens so lang, bis das nächste Volk kommt mit einer weltgeschichtlichen Bluttat, und das ist nie lange.
Wer immer den westlichen, römischen Flügel Europas bewohnt, dürfte nie anders an Griechenland denken als in Asche und Grobtuch. Wie hat man die

Kreuzzüge als romantisches Abenteuer geschildert, Opferzüge, Heldenzüge um des Heiligen Grabs willen, das freilich kein Grab, sondern leer war und wenig geeignet zum Streitstück. Aber wie hätte man einen Aufbruch von Rittern und Mannen erzielt, hätte man ausgerufen, man wolle den Bruder in Christo, das griechische Ostreich erschlagen? Kain muß von einem zum andern Mord einen neuen Namen annehmen, das weiß man. Warum aber sprach man die Lüge noch durch die Jahrhunderte nach?
Die Türken. Nach allem, was die schimmernde Hauptstadt des Konstantinos mit den Rittern vom Kreuz, den mörderischen Franken erlebte, mußte man dort die Türken für die barmherzigeren halten; den Heiden sah man mit geringerem Schrecken entgegen als den christlichen Brüdern.
Als die Kreuzfahrer in Konstantinopolis einzogen auf jenem unseligen vierten Kreuzzug, hielten sie selbst nicht für möglich, daß es eine so goldene Stadt geben könne auf Erden. Als sie abzogen, war die Stadt nicht mehr sie selber. Diese Kaiserstadt, die dem Traum eines himmlischen Jerusalem schon auf Erden nachgebaut war, diese Gold- und Kunstkammer, die mit Meisterwerken aus zweitausend Jahren gefüllt war, darunter solche aus des Pheidias eigenen Händen: ihr Stolz war gebrochen, ihre Sicherheit war dahin, ihr Glaube an sich war gewichen. Und dann erst kamen die Türken.
Als die barbarischen Ritter und ihre barbarische Mannschaft die Stadt endlich stürmten, hatte sie drei Mal gebrannt, und nun die trunkenen Sieger.

Was glänzte, ist weggeschleppt worden; um aus der Hagia Sophia das Gold und das Silber zu schaffen, trieb man die Maultiere bis an das Allerheiligste hin. Schon zuvor war die Beute bis aufs Achtel genau unter die Siegermächte verteilt; alles sollte zusammengetragen werden zu Bergen, damit man aufteilen könne. Da das Plündern verboten war, damit alles Raubgut auch richtig in die Hände der Herren gelange, dann aber doch einriß, zerstampften die Soldaten und Unterführer die Goldgefäße und Tafeln, um das Gold und die Edelsteine in ihren Taschen zu hehlen. Da wurde zerbrochen, zerrissen, verwüstet, zertrampelt und sobald wie möglich an orientalische Händler verkauft; dazu Bluttat und Schändung. Es war ein Rasen in Brudermord und in Selbstmord, wie es von Zeit zu Zeit sonst leidlich manierliche Völker befällt. Es war der schreckliche Sturz einer Hauptstadt. Denn es war doch die hohe Burg der Antike.

Eine grenzenlose Enttäuschung muß sich damals ausgebreitet haben im Ostreich, das ja die Hälfte der Welt war. Das also waren die Franken, die christlichen Brüder des Westens. Nun kannte man sie. Eiserne Nacken, blutige Hände, rasierte Wangen, die Augen voll Hochmut und schäbige Gier in den Herzen. Jetzt noch, im Griechenland unserer Tage, ist der Verrat nicht vergessen und die Trauer noch da, wie auch nicht; der Beleidiger vergißt und kann nicht verstehen, daß der Gekränkte es nicht kann. Wie hätten die Griechen vergessen sollen, daß unser Erdteil auf zwei Mittelpunkte, zwei Brennpunkte angelegt war, auf Rom und auf Hellas, wie ein Planet läuft, sodaß, seit der eine Punkt ausfiel, alles abgelenkt und gestört ist. Schließlich, das Reich hätte halten können bis auf diese, unsere Tage.

DER ALLERGRÖSSTE VERRAT

Das schlechte Gewissen, es ist immerhin eine Macht. Um es zu beschwichtigen, ist man schon immer gedeckte Wege gegangen. War das Westreich am Ostreich zum Kain und zum Judas geworden, so begann der Gewissenstachel zu schwären, als man anfing, neu aus dem griechischen Altertume zu leben. Denn ein neuer Rückgriff auf die Antike hob zu jener Zeit an. Mit den alten Göttern wollte man seine Verhältnisse haben. Aber die alten Götter waren ja tot. Wie praktisch, mit toten Göttern zu leben, die marmorn herumstehn und nicht mehr im Stand sind, zu richten; ungefährliche Götter. Ungötter, Nenngötter. Ihr helles Trugbild, ihre Schillernebelgestalten, ihr Schatten war es, der jetzt zu regieren begann.
Ein Doppelleben fing an, ein ernsthaft betriebener Unernst. Ein Denkspiel; war desgleichen schon vorher irgendwo üblich gewesen? Man lernte Wissenschaft zu betreiben als wenn sie etwas Abgekammertes wäre: man betrieb sie – und lebte ganz anders. Wo früher ersonnenem Wissen das Leben nachschlich wie ein Verliebter, war jetzt jede Liebe erkaltet. Das verfluchte Wort Objekt war es, was so viel Kälte in diese Welt einließ.

Es ist der Verdacht nicht abzuwehren, die ernste und ehrwürdige Altertumswissenschaft, die exemplarische unter so viel Disziplinen, habe mit solchem Doppel- und Schattenspiele begonnen. Dort hat man zuerst von Heroen geschwärmt und verblieb in der Pfarrstube. Dort lernte man über Götter zu lachen. Dort sagte man Kunst und meinte etwas ganz anderes, das es niemals gegeben hatte: das mit sich selber beschäftigte Schöne. Dort wurde eine Schulbank Gymnasium genannt, Schule der Nacktheit: das mußte eigentlich meinen, das Denken solle den Vorwurf des Jugendkörpers, des Jugendschönen aushalten und was Wissenschaft sei, müsse vor diesem überwältigenden Argument noch bestehn. Aber blieb davon etwas? Wurde nicht das gerade in Ängsten verscharrt und zwanghaft bei Seite geschoben? Diese Wissenschaft pries die goldene Antike, doch ihre befremdliche Liebe, aus der sie die Kraft nahm, durfte sie nicht einmal nennen. Und wenn sie sie nannte, war sie dann anwesend? War überhaupt jemals anwesend, worüber Wissenschaft sprach? War sie, wie sie nun geworden war, überhaupt noch das Mittel, Anwesenheiten zu schaffen? Wollte sie es? Oder hatte sie das beinah aus den Augen verloren? daß dies sein müßte? daß dies und nichts anderes um jeden beliebigen Kaufpreis ersehnt, erbettelt, gefordert, herbeigewartet, herbeigefleht werden müsse? Oft genug sah es wirklich so aus, als habe sie das verdrängt und vergessen, da sie nervös wurde, wenn die Rede daraufkam, obwohl sie doch gerade dann hätte eifrig und wach werden müssen, denn es war ihre Hauptsache.

Jedoch, sie hatte sich nun einmal eingelebt mit den Schatten. Bei ihr fand man, was vordem undenkbar war: eine Wissenspur, die nicht vom Leben befolgt wird. Lebloses Wissen. Wissen, das folgenlos bleiben darf, Wissen, das leer bleibt. Ein Geisterwissen; hier schlug man den Götzen in Marmor, gegen welchen etwas zu sagen, nunmehr wie Lästerung von etwas Heiligem ist: das Wissen von Nichtwissenswertem.

Eigentlich war es nur eine einzige Sache aus der ganzen Antike, die man im Ernst trieb, die man lebte, und das heißt immer: die man mit voller Summe bezahlte. Zwar man hatte nicht vorgehabt sie zu zahlen, aber es kam so. Es war die Physik, die man aufnahm; das Altertum hatte sie angerührt, dann aber schnell liegengelassen. Nun aber, die Zerlegung der Welt in Teile, zuletzt in Atome, begann. Auch hier ein Schattenspiel freilich, ein unheimlicher Unernst. Man trat aus und man meinte, die Welt mit Götterblick anschaun zu können, als sei man selbst unbeteiligt. Denn die alten Götter, wohl waren sie tot, aber als Schatten schlüpften sie ein in die Neuzeit, weithin Schatten einführend. So machtlos waren sie doch nicht; ihre Schattigkeit wirkte wie Gift wirkt, ihr Einlaß rächte sich furchtbar. Unbeteiligt und ungerührt, eben wie Götter zu denken, wurde jetzt üblich. Man erfand und entdeckte, man kehrte die Welt um und man versicherte gleich: die Folge zu ziehen, das freilich sei Sache von Anderen. Man bedenke: denken und die Folge nicht tragen zu wollen. Also dahin wars mit dem Denken gekommen. Ein Schattendenken. Ein unfrohes Denken von Schatten.

Das nannte man Wiedergeburt der Antike. Man feierte Hellas, man benannte mit griechischen Namen, was man erfand und entdeckte, man verdeckte so unerhörten Verrat. Ohnehin, den griechischen christlichen Bruder hatte man auf dem Gewissen. Aber Abel, wer ist das? wer war das? Man erinnert sich niemals genau.

Christos steigt zu den Schatten der Vorzeit hinab (nicht in die Hölle, ein Übersetzungsfehler; *in den Hades,* nicht in die augustinische Hölle). Licht kommt zu den ahnungsvollen Gerechten, zu den Propheten, zu den Denkern der griechischen Vorzeit, die zum Licht trieben. Die Wissenden, Ahnenden: an den Handgelenken werden sie aufgezogen zum Licht.

Wir aber, lippengriechisch gesonnen, immerzu auf der Flucht vor dem Licht, drängen zum Hades hinab, wo Sein verloren, sogar vergessen wurde, daß es sein könnte. Da ist nicht einmal Sehnsucht. Eine künstliche Weltstadt, ein Jerusalem aus Schatten, eine wimmelnde, regsame Unterwelt ist nun eingerichtet; schwarze Unterweltgötter. So ist uns die Rückkehr nach Griechenland zu einem Gang zu den Schatten geworden, zum Schattenhaften der Schatten, nicht zu ihrem Lichtdrang.

Einzige Hoffnung, daß so viel Schattendrang eines Tags unsere schwere Hand, unsere Sorge der Sorgen, unsere Ahnung sein könnte: daß Licht ist.

XIII Künstlerschaft

Ein Mönch aus dem elften Jahrhundert, Theophilus mit Namen, der die Techniken aller damals bekannten Künste aufschrieb, gibt auch das Rezept für den Goldschmelz. Sein Kunstbuch, ein Codex Guelferbytanus, eine Wolfenbütteler Handschrift also, gibt genau Auskunft, man könnte Handgriff für Handgriff befolgen, obwohl tausend Jahre vorbei sind: so treu ist sein Handwerkslateinisch. Den Augenblick etwa, wenn verschiedenfarbiger Glasstaub in die Zellen gefüllt wird, beschreibt er: »Nimm eine Gansfeder, fein zugeschnitten wie zum Schreiben, aber vorn nicht gespalten, und schöpfe mit ihr das gemahlene Farbglas, den vorbereiteten Glasstaub, aus deinem Vorrat in die Goldhäuslein.« Denn Häuslein nennt er die einzelnen, vorher gelöteten Kammern, die Goldzellen. Dann sieht man den Goldschmied vor dem Brennofen hocken im engen Gewölb, und den Gansflügel fächeln, dann kommt das Schleifen, denn die Oberfläche der Platten wird in vielen Arbeitsgängen geschliffen, bis alle Pracht leuchtend am Tag ist.
So beschreibt er das Glück und die Mühe. Da er ein Benediktinermönch ist, ist ihm seine Plage sein Glück, Mißlingen Prüfung und sein Gelingen – was anderes als Gottes Geschenk. Arbeit ist, was zum Vorfeld des Paradieses gehört. Wäre nicht Mühe, so würde ein Mann wie Theophilus sagen und mit ihm ein Jahrtausend, dann wäre nicht bloß der Paradiesesgarten, sondern dazu noch das Vorfeld verloren und so jede Aussicht dorthin.

Ein Theophilus der Neuzeit, also wie jener ein Schreiber und Handwerkskollege der Maler, Schmiede und Schreiner, welcher sich fragen würde, ob er sein Geschäft, also Schreiben, mehr nach der Art dieses tausendjährigen Vorfahren oder nach der Art seines eigenen Jahrhunderts betreibe, würde sich eingestehen müssen, daß seine Fertigung wenig zeitgemäß ist. Man muß es schon altväterisch nennen, daß er jede Seite mit eigener Hand schreibt; seine kleine Maschine heißt ja bloß so, sie ist keine, jedenfalls nimmt sie ihm von seiner Mühe nichts ab; der Setzer, dem er die Mühe der Entzifferung spart, weiß keinen Dank und würde es als unverschämte Zumutung ablehnen, sollte er eine balzacische Niederschrift lesen, und Zuschläge fordern. Aber das seien Äußerlichkeiten. Auch davon zu schweigen, daß er noch zu den archaischen Personen gehört, die in dem Haus, in dem sie arbeiten, wohnen; von allen Heimarbeitern der letzte. Sein gesamtes Verfahren, was er will, was er vorhat, muß einen Planer der Neuzeit erheitern. Es kommt vor, daß er eine Versreihe, eine Seite, zehn oder zwanzig Mal schreibt. Man hat auch von Malern gehört, die einen Winter auf zwei, drei Aquarelle verwandten und von anderen, die einen Sommer lang auf ein Bild warten. Unsagbar rückständig. Vorausberechnung vermeidend, Planung mißachtend, scheint so Einer auf Glück und Gelingen zu hoffen wie ein abergläubischer Bauer zu des Hesiodos Zeiten, der von der Gunst und vom Neide der Götter abhing, auf Regen. In einem Jahr-

hundert, in welchem man weder der Kinderlähmung noch der Krise noch dem Alter noch dem Tode noch der Zeugung erlaubt, nach Belieben und Nichtbelieben zu kommen, verweilt er noch auf der Stufe, wo man dem Wachstum mehr traut als dem Steuer; wahrhaftig, Geduld will er üben. Hört nur zu, er glaubt an ein Wachsen im Schlaf und ans Träumen, und was den Einfall betrifft, den niemand herbeiführen kann, den Einfall, das verdächtige Unvorhergesehene, das Ärgernis der Neuzeit, so ist es sein Manna: es fällt ihm unberechnet vom Himmel. Der Narr, und dann ist es ihm auch noch wichtig zu sagen, es sei ihm gekommen und er wisse nicht wie, als wenn ihm wer eingesagt hätte.
Es ist eine recht archaische Sache mit ihm. Seine Arbeit, so sagt er, sei seine Sorge, und mancher seinesgleichen gesteht, daß er nachts nicht schlafe, weil er nicht wisse, wie ein Satz weitergehn solle. Andere hört man versichern, dieses und jenes Stück ihrer Arbeit habe ihnen fast ihr Leben gekostet; diese Leute scheinen nicht mitbekommen zu haben, Arbeit ist Ohnesorge geworden. Ihr Glück wächst auf Mühen anstatt auf Zerstreuung, sie sind die Zurückgebliebenen der Neuzeit. Inmitten einer Weltrevolution sind sie Hans Sachs, der seinen Laden gegenüber einer Schuhfabrik treibt, der Arme macht jeden Schuh einzeln, und wie Luther, der meinte, daß die Geschichten von diesem Koppernick dummes Zeug seien, wie hätte sonst die Sonne auf Josuas Bitte zu Gibeon stillstehen können.

Kunst, dieses rührend altmodische, archaische Handwerk, das mit Gewissenserforschung, also mit Buße verwandt ist. In der Zukunft, die anbrach, kommen die Künstler vor wie der Holzpflug, mit welchem der Bauer hier auf der Insel sein Feld ritzt: ein uralt komisches Fundstück. Er pflügt mit dem Ochsen sein Mangelfeld, wenngleich fröhlich, geschichtete Steinhütte, zwei Kinder. Sein Feld, das er niemals gedüngt hat, empfängt die dürftige Aussaat; die Touristenschwärme bewegen sich kaum hundert Meter von ihm. Ihre weißen Schiffe liegen auf Reede. Er und die Schwärme: durch eine halbhohe Mauer aus granitenen Blöcken und durch ein Jahrtausend getrennt, und nie ein gewechseltes Wort zwischen ihnen, kein Gruß, kein Blick, kein Verständnis.

Die Künstler. Warum sie bloß darauf aus sind, sich die Modernen zu nennen? diese ewigen Handwerker? Was treibt sie, hinter der neuen Zeit herzuhecheln, sie, früher Vorrenner? Was täuscht diese Archaiker, daß sie den Ehrgeiz entfalten, die Spitze halten zu wollen, während sie doch das Bild eines Läufers darbieten, der so weit zurückblieb, daß er zu führen scheint, aber die ihm schon folgende Runde, unwiderstehliche Komik? Das sind so Moderne. Romantische Träumer sind sie. Ihre Sehnsuchtblicke gehen nach rückwärts, stillend die Wünsche von Solchen, die rückwärts blicken wie sie, während die wahren Modernen im Fiebereifer mit Chromosomen, Raumschiffen und Denkmaschinen eine andere Welt machen.

Die Künstler. Bald wird ihr Eigentliches, ihre Begabung gelenkt sein. Gesteuert, was vordem Kreuz und Geschenk war. Und von welcher Art Steuermännern und Lenkern? etwa von Solchen, denen es auf die Künste ankommt?

Die Künstler. Woher sie das Recht nehmen, ihr Vorgefühl, daß es zu Ende gehe mit ihnen, zu einer allgemeinen Untergangstimmung zu machen? Schwarze Botschaft, bloß weil ihr Schiffchen, ein Segelschiff uralten Typs, außer Fahrt kommt? Die Welt, die Welt wird schon weiterbestehen. Vielleicht kleiner Wechsel wie vom Silur ins Karbon, aber die neue Erdzeit wird weit von der Trauer entfernt sein, daß dann keine Kunst ist. Einst wird man den Kindern ein Märchen erzählen: daß Welche waren, die nur leben wollten wenn Kunst sei. Narren. Obwohl jeder einsieht, daß Kunst ernst macht und schwer macht, daß sie das Leben erschwert.

Unter den Kühlen, die ihren Opferwillen aufsagten und nichts sonst, stand auch ein Marmor, der Jahrzehnte später dazugekommen sein mußte. Er war von dem Typus, an den unsere Vorväter dachten, wenn sie das alte Griechenland meinten und der uns jetzt seltener vorkommt. Meist übersehen wir ihn.

Dieser Junge war mit seinem Anzug beschäftigt, er band sich das Kopfband des Siegs um. Er war im Besitz eines Sieges. Doch wie seltsam: man gönnt einen Sieg dem Empfänger, dem Besitzer schon nicht mehr. Er hatte bescheiden die Augen niedergeschlagen. Aber was fehlt der Bescheidenheit, wenn sie gleich auffällt? Überwiegend stand er auf einem Bein, mit geringerem Gewicht auf dem anderen, wie wenn er wegginge. Das war eine Nachahmung dessen, was jedermann jeden Tag ohnehin sieht; dergleichen hat immer schon solchen Bestellern, Betrachtern, Besitzern gefallen, die zufrieden sind mit ihrem Leben; da möchten sie es genau so noch einmal haben. Von den Menschenopfern, von denen der Dienst an Apollon in alten Zeiten gewußt hat, war jetzt ja mehr die Rede. Das war ein Gerücht aus längstvergangenen Tagen, peinlich, daran zu denken.

Wirklich, dieser Marmor war schön. Er war glücklich. Wie unheimlich aber, daß das Glückliche lang vor dem Schmerzhaften leer wird? Daß die Fadheit eher das Heile befällt als das Wunde? Daß der

Schwund mehr Vollmacht über das Friedliche hat als über den Aufruhr? Während Empörung noch fortreißt, eine Beschuldigung fortwirkt, ist Besänftigung schon machtlos geworden; während die Klage noch Schwung hat, ist Zurede schon dürftig. Wenn die Geschichte eines Unglücks noch aufregt, und das heißt doch: belebt und ermuntert, ist ein Glück Langeweile geworden. Wie befremdlich: Die Trostworte sind es, die zum Billigen neigen, während Zornrede frisch bleibt. Eine Gewißheit ist schwerer im Wachen zu halten als die Flüsterrede des Zweifels; wenn die Angst ihre Wellenringe noch austreibt, ist eine Freudennachricht schon welk, schon müde und gestrig geworden. Wie bedenklich: dem Nein scheint mehr Kraft einzuwohnen. Dem Widerspruch fällt es leichter, frisch und bei Kräften zu sein; dem Spruch fällt es schwerer. Das Glückliche ists, was vom Schwunde bedroht ist, und wo das ist, beginnt schon die Lüge. Termiten nagen, noch steht das Haus da, die Türpfähle halten, der Tisch scheint die Last noch zu tragen, aber alles papierdünn.

Diese archaischen Marmorbilder, diese Mädchen und Jungen: alle sind sie nach einem Kanon gemacht, keines will originell sein. Keines will einen unbegangenen Weg gehn. Wenn auch durch den einen Marmor mehr Glück scheint, während ein anderer stumpf blieb: keiner will zeigen, was vor ihm nicht da war, alle sagen wie Lerchenstrofen dasselbe. Keiner will anders sein als die anderen, alle einstimmig. Wie die Linde im Glanz steht, wie ihre Blätter verschieden sind und doch einig, so geht Licht ein und geht aus in diesen Marmoren, ohne daß Neues geschähe.

Jetzt, so viel hundert Jahre danach, ist Kunst anders. Nachahmung, dieser Vorwurf ist tödlich, Wiederholung verächtlich. Nur wenn etwas niemals zuvor Gemachtes gemacht wird, scheint sich uns ereignen zu können, was Kunst ist. Die Lage ist anders geworden, so anders, daß man zu fragen versucht ist, ob die Namen und die Begriffe von damals überhaupt noch zu Recht stehn. Der Künstler ist jetzt ein Erfinder von Neuem geworden. Nun ist es, als ob wir Alle ein Dickicht bewohnten und Ruhm gebühre nur dem, der einen Weg schlägt ins Freie. Durchzudringen, darauf kommt es jetzt an. Das ist von Nöten, das ist, was allem anderen vorgeht. Wem es glückt, wer durchdringt, der hat das Wunder vollbracht. Ehemals hatte mans und man brauchte bloß zu bestätigen, daß man es immer noch hatte. Jetzt kann man es höchstens

für einen Augenblick haben, wenn Einer durchdrang.
Vorbei die Zeit der Geschenke. Uns gilt ein Bildwerk nur so viel, wie sein Erzeuger dafür mit seinem Leben gezahlt hat. Es ist nur die Lebensmünze, die zählt, eine andere wird nicht genommen. Ist es gute Münze? getäuschte? Oft genug ist es Spielgeld. Wenn es ernst wird, nur Blutgeld. Zeugnis gilt nicht, es sei denn mit Glück und mit dem Leben gezahlt.

Daß der Tod eine Kunst ist, ergibt sich schon daraus, daß er in jüngeren Jahren, wo es sich eher darauf los stirbt, leichter glückt, späterhin aber schwer wird. Wie Kunst, wird er mit der Zeit schwerer. Da sollte man meinen, mit den Jahren erwürben sich Übung und Mittel und es ließe sich alles mit weniger Mühsal beenden, weniger qualvoll, mit geringer werdendem Zweifel. Aber wer so denkt, hat nicht die Erfahrung des Künstlers. Kunst wird schwerer.

XIV Weltschatten

GITTERBLICK

In dem kleinen Inselmuseum stehen die archaischen Jungen und Mädchen so dicht, wie sie früher im Gottbereich standen, wo man sie aufgestellt hatte, damit sie an der Abgebildeten Statt den Gott immer, unverwandt, ohne Augennicken anblickten.
Da stehen sie also. Ihr Marmor ist weiß oder bräunlich, ihr Leib eingezogen, heftig gedrosselt die Weichen. Das Gelüst der Jungen zur Faust zusammengezogen; sie sind noch zu stolz, um viel vom Genießen zu halten. Ober den Hüften wie Stauden aufschießend, das Gesicht –
hier endet, was man in unseren Tagen noch sehen kann, hier endet sich unsere Begleitung. Da sind wohl die Augen, da lächelt es wohl, aber was war es, was diese weit aufgetanen, schrägen, beglückten Mandoren erblickten? Wir werden es nicht mehr erfahren. Wer vergibt so viel Weltglanz? Wenn wir es jemals gewußt haben sollten, so vergaßen wir es; wir haben sogar vergessen, daß wir vergaßen. Ließe sich eine solche Ermächtigung ersetzen? Das glauben wir selbst nicht. So wenig, wie der Gesunde jemals den Kranken, der Satte den Hungrigen und der Freie den Gefangenen verstehen kann, auch wenn er meint, er verstünde, so wenig werden wir, die wir uns zur Freiheit befreiten und dafür Weltschatten kauften, wissen wie denen zu Mut war.
Sie werden die Welt angesehen haben, wie sie im Gitterblick einer Gefangenschaft ist. So glanzvoll ist sie nie wieder, so ist sie dann gar nicht. Aber wer

will deswegen hinter die Gitter zurück? wer brächte es fertig? wer könnte?

OHNE GÖTTERFURCHT

Archaisch, was heißt das? Es heißt: Göttern hörig, die groß und schön und fürchterlich sind und den Menschen unsagbar verachten. Archaisch: ausgeliefert an Götter, die unter sich streiten, auch das noch, einig bloß darin, sich einen Menschen, wie das Kind eine Puppe zu seinem Vergnügen unter anderen Vergnügen zu halten; jetzt wird sie geherzt und gefüttert und an die Frühlingssonne gefahren, dann auf die Diele geworfen, dann auf einmal wieder geliebt in eigensüchtiger Liebe. So sind die Götter.
Und dennoch, die Götter werden verehrt. Zwar sind sie böse, kleinlich und machtlos, aber etwas ist, was sie bringen. Fast scheint es, nur sie konntens bringen. Den Glanz des Daseins verwalten sie, ohne den alles wesenlos ist. Sie hüten das Leuchten, sie verwahren das Glück und den Schrecken, ohne den alles schattenhaft ist. Und Schatten ist immer das Schlimmste.
Das Archaische bewundern? Das ist ein Gefühl, das leicht ins Windige abtreibt. Kein Mensch unserer Tage denkt daran, so zu leben: ungerechten Gewalten ergeben und Willkür der Oberen hinzunehmen als Schickung. Wir sind am anderen Ende und drängen und treiben noch ferner. Wir sind aufgestanden gegen das Schicksal, Alle, keiner ausgenommen; kei-

ner möchte so leben wie früher. Jeder will frei sein. Niemand hat sich geweigert. Wir haben uns sämtlich und sonders für mündig erklärt, wir haben die neue Wohnung bezogen und uns in die Rechte gesetzt; Jeder will Teil an der großen Ermächtigung haben. Der Platz am Steuer ist von unseresgleichen besetzt, die Geschichte für lenkbar erklärt, die Gesellschaft nicht mehr ein Gleichnis der Götter, was sie durch Jahrtausende war. Bald wird man die Begabung auch steuern, das heißt, den Menschen erschaffen. Man ist den Gewalten auf ihre Schliche gekommen, man kann sie herstellen. Man hält jetzt Gewalten für Schliche, nichts weiter; das ist das ganze Geheimnis. Planung und Forschung. Das heißt: mehr Planung, mehr Forschung und noch mehr; es ist so, daß Planung und Forschung sich aus sich selber ernähren, denn beide fressen sich selber. Beides wird dick aus sich selber, bleich, wässerig, gedunsen, und beides verhungert aus sich. Lebten wir noch im Alter der himmlischen Götter und der erdentkrochenen Dämonen, so erschienen uns Planung und Forschung als zwillingsbleiche Höhlengottheiten, weltfressend, gallerten, niemals das Taglicht erblickt, monden und madig, so daß man die schwärzlichen Därme erblickt wie bei Larven. Die Allesverschlinger, die Nichts-als-Mäuler, die Nichtspender.
Und dennoch, kein Mensch will sie missen, die lieben fressenden Monde. Gegen sie etwas zu sagen, ist das einzige, was jetzt als Götterlästerung gilt. Was soll da der Jammer, der Weltglanz sei gänzlich

abhanden gekommen? Was soll der Jammer, daß alles so leblos und glanzlos und schal und wuselnd massenhaft sei? Es ist niemand, der anderes gewollt hat.

Wenn man so über die Insel blickt –: die Leute halten das für Antike, während es doch den Stil der Ausgräber hat und die Züge der Forscher, die in Hosenträgern, Zwicker und Strohhut diese träumerischen Ruinen erbauten; Ausgräberei, ein Nebenfluß der Romantik. *Ihr* Werk ist es, *sie* sind die Baumeister dieser Ausgrabungsplätze; das ist doch nicht die Antike. Warum sie sich bloß nicht zu ihren Träumen bekennen? Warum sie sich bloß darauf versteifen, daß ihr Erforschtes beweisbar identisch mit jenem Urbilde sei, an dessen anderes Ufer sie doch für immer verbannt sind? Immer und immer ist Wissenschaft ausgeschlossen von dem, dem sie ihr Forschen zuwendet; immer ist sie die Verbannte. Ihr Gegenstand steht ihr entgegen, wie sie ja selbst sagt. Er sollte ihr zustehn. Aber seitdem sie das Ding ihres Forschens zu einem *Gegenstand* machte, steht es ihr und sie ihm entgegen: schauriger Vorgang, tragische Folge der Seelenverschreibung, die man seit dreihundert Jahren *die Wissenschaft* nennt; vordem nannte man Wissenschaft etwas, dem es um Weisheit zu tun war. Aber der neuen Wissenschaft ist ja das Kunststück gelungen, das Wort *Weisheit* peinlich, fast unverwendbar zu machen, so lang und mit solchem Erfolg hat sie es verdächtig und komisch gemacht, wie die häßlichen, eifersüchtigen Schwestern im Märchen es mit der schöneren machen. Aber nur im Märchen gewinnt zum guten Ende die Schöne.

Beleidige jemand, und das heißt doch, daß du ihn zu einem Leidenden machst: er wird es dir lang nicht vergessen. Beschenkst, erfreust du ihn aber: er wird es dir alsbald vergessen. Also wohnt der Mensch lieber im Leiden? Also fühlt er sich mehr in der Kränkung zu Haus? Also liebt er Verletzung? Also schwimmt er gern im Strom eines Unmuts? Wie kommt das?

Die Antwort fände sich wohl; die Weisen des Ostens und Westens, die Kirchenväter, die großen Lehrer haben sie immer gegeben. Weil der Geborene nicht gut sei, böse von Kind auf, im Hassen geübter als in der Liebe, zum schlimmen Ende geboren. Weil er von je in der Kälte kräftiger war als in dunkelrot glutender Wärme; in Güte zahm und auch nicht besonders angesehen derwegen. Mehr zu Hause in der Gewalttat. Im Zorn ist er seiender, in der Begierde erfrischter und der Drang, etwas an sich zu reißen, belebt ihn. Im Unterdrücken mächtiger als in der Milde, in der Untat mehr bei der Sache; in der Wohltat wie müde. Aber im Streit fängt er Feuer. In der Verfolgung sitzt Ansporn. Erst die Wette bringt ihn zur Leistung, Eifersucht also. Wettbewerb: worum wirbt er? Im Grunde doch um Belebung. Um Spannung, die ihm unentbehrlicher ist als die Prämie. Wette: um seinen Eifer zu haben. In der Zuteilung: wie schläfrig. In Verwaltung: wie grämlich. Mißvergnügt, sauer. In Planung trübt er und stumpft er, wenig Sauerstoff, keinerlei Ansporn. Wie auch das Wort *Leidenschaft* weiß. Erst im Leiden ist er befähigt, im Stande des Leidens gelangt er erst zu sich, leidend erst lebt er.

LEIDENSCHAFT, LIEBSCHAFT, WISSENSCHAFT

Leidenschaft, das Wort ist bloß noch zu hören als etwas, das Aktion macht. Als ob sie ein Motor wäre, ein Antrieb. Etwas mit Leidenschaft treiben, das heißt etwas heftiger treiben. Aber eigentlich sagt das Wort dies doch gar nicht; *Leidenschaft* ist wie Freundschaft, Feindschaft und Kindschaft ein Zustand. Im Stande des Leidens befindlich: ein Schicksal. Das will wie Passion gehört sein: Leidensweg, den ich gehe. In Leidenschaft sein, also leiden. Leidenschaft, in die ich wie in eine Gefangenschaft eintrat. Zu leiden im Stand sein.

Dies Wort ist das eigentliche Passivum. Wir aber, Handlungstolle, haben aus ihm ein Überaktivum gemacht; das ist eine Deklination ins Verrückte. Glaube man ja nicht, daß man sich hier im Bereich einer Stilermahnung befinde; Wortmutationen wie die gleichen aperen Stellen der Landschaft, Steinbrüchen, die einblicken lassen; sie sind, wie die Geologen sagen, ein Aufschluß. Ob man Leidenschaft so oder so hört, hat man je seine Ansicht vom Menschen geändert, also die gründlichste Ansicht. Und während die Worte, vom Kalkschlamm der Zeiten besintert, das Alte treulich bewahrten, immer noch alles zu lesen, Bezüge auf Himmel und Erde erhalten, muß man nun einsehn, daß man etwas Falsches mit falschen Begriffen versah, ertappte Spieler mit Falschgeld.

So Wissenschaft. *Wissenschaft*, die wie Leidenschaft

einen Stand und Zustand bezeichnet, meint offenbar etwas, das sich über das Sammeln von vielem Gewußten erhebt. Wem es glückt, das Wort aus der Tonart, in der wir es spielen, umzuhören in die, die ihm zusteht, wird finden, daß ihm etwas anderes einwohnt als die Summe von allem Erwiesenen, Festgestellten, Gewußten. Was vordem ein Wort wie ein Fürstentum und wie Meisterschaft, Vaterschaft, Pilgerschaft, Liebschaft gemeint war, ist jetzt zur Aufschrift von etwas geworden, das betrieben, bewältigt, erobert, erforscht, und aufgedeckt werden will. Kunst, das ist immer ein Rang, eine Stufe gewesen, worein man durch Exerzitium gelangte; dann erst, weniger wichtig, die Werke. Das blieb, und so war es auch in der alten Doctrina, der Sapientia, in den Artes; denn ehemals hatte man für die Wissenschaft keinen schlechteren Namen als Artes. Noch sind bedeutende Reste solcher Gesinnung vorhanden, noch ist da nicht wenig, das sich auf alter Spur hält: Wissenschaft, die sich nicht in Fächern und Forschungsgebieten, nicht in Fakten, nicht in den Werken aufhält, vielmehr in Trägern. Ein Mann, der Wissenschaft hat. Aber längst verlor das die Führung. Die Führung hat das nicht mehr. Ohne den Namen zu ändern, ist Wissenschaft dazu übergegangen zu herrschen, zu herrschen, sich alle Dinge Himmels und der Erden gefügig zu machen, und besonders, versteht sich, die Menschen. Den Dienst verließ sie und ist zur Herrin geworden: eine andere, anfangs demütige, später machtverlorene Kirche. Nun ist sie zur Übermacht aller Mächte geworden.

Und das sollte sie nicht verändert haben von Grund auf? Und was ist von einer Epoche zu halten, die von der Wissenschaft und ihrem Fortsturz regiert wird, so eisern, daß alle Diktatoren der Neuzeit zusammengenommen vor ihr nur eine gefügige Schar sind von Kleinfunktionären, die, ebenso wie die Freien, machen müssen was *sie* will? von einer Epoche, die nicht einmal wagt, ihre Göttin mit einem richtigen Namen zu nennen, bloß mit einem unzutreffenden, falschen?

Nicht daß wir die Wahl hätten, von der modernen Wissenschaft abzulassen, kaum der Einzelne, auswandernd, sicher nicht Alle. Das meinen, hieße ihren totalen Charakter, den Charakter einer Schreckensherrschaft also, verkennen. Das Schiff ist nun einmal bestiegen, einzig mögliche Rettung. Indessen, ein Schiff aus Brot ists, auf dem wir da fahren. Eine andere Wahl ists, die uns nur bleibt: auf der hohen See treibend in diesem Schiff zu verhungern oder vom Schiffe zu essen. Nach und nach aufzuessen, was uns über der furchtbaren See hält.

XV Agnetendorf III

Das möchte ich wissen, wie Viele den »Großen Traum« wirklich gelesen haben, ich meine ausgelesen. Ist es ein Dutzend? Sollten es zwei sein? Also das ist der Ruhm eines Dichters, der so berühmt war wie keiner in seinem Jahrhundert? Aber dies ist das Werk unter so vielen Werken, von dem er wünschte, daß man es ihm als Totenbuch mitgebe.

Freilich stellt sich die Frage: ist diese Dichtung überhaupt an Leser, an Hörer gerichtet? Warum dann hätte der Träumer die Veröffentlichung ein Leben lang mehr verhütet als auf irgend eine Weise gewollt? Wie verkehrt, es für selbstverständlich zu halten, daß eine Dichtung besser daran sei, wenn sie recht breit bekannt gemacht wird. Ist denn so viel gewonnen, wenn sie in allen Mündern gewälzt wird? Ist ein Bild so viel besser daran, wenn es von uns begafft, vom Aushauch recht Vieler erstickt wird?

Es war immer etwas Besonderes, wenn der alte Herr sich entschloß, die endlose graue Wolle weiterzuspinnen. Das war in Rapallo, in Eilsen und in Agnetendorf; Novemberwochen in Agnetendorf stehen mir in Erinnerung für alle anderen Male. Was kommt jetzt, dachte ich, als das Hausmädchen gegen Abend die Weisung bekam, im unteren Turmzimmer ein Kaminfeuer zu machen. Das war außergewöhnlich; wie bei jedem großen Arbeiter war bei Hauptmann abwesend, was mittlere Talente sich an Allüre gestatten; Arbeit war eben Arbeit, regelmäßig und täglich, wie Dienststunden.

Nun aber saß er im Ledersessel vor dem Kamin, mit dem Rücken gegen den Raum zu; ich hatte mich mit meinem Tischchen in eine Ecke verzogen, nachschreibend. In der Nacht draußen stürzten die Stürme föhnig vom Kamm des Riesengebirges herunter; wer diese Stürme nicht kennt, wird sie sich kaum stark genug vorstellen. Wie eine Sturzflut schwappt dann die Warmluft aus Böhmen über den Bergwall die Abbrüche der berühmten Schneegruben an die tausend Meter herab. Schläge aufs Hausdach fielen so plötzlich und donnernd, daß ich oft überzeugt war, nun sei am Dach droben doch etwas zu Schaden gekommen. Aber es war ja die Bauidee dieses Hauses, diesem dramatischen Wetter ausgesetzt und dennoch widerständig zu sein.

Von meinem Platz aus gesehen war das Weißhaar des Träumers vom Schein des Kaminfeuers durchschlagen und irisierte. In den Händen hielt er das aufgeschlagene Buch, wie gewöhnlich, als ob es, wie der Zauberstab, ein Bestandteil des Beschwörungsakts sei, als der es doch aufgefaßt werden muß, wenn ein Schreiber etwas herbeizieht und so in die Buchform zu bannen versucht, daß es gleich wieder zurück will; denn was auf Zeilen und Seiten steht, ist der Veränderung, der Verwesung verfallen; Buchstaben sind Tapfen, Abdrücke, wie es richtig heißt: Typen; was sie eingrub, floh wieder.

So sprach er langsam, fast ohne jemals zu ändern und ohne sich das Geschriebene oder Typierte je geben zu lassen, einen Terzinenvers nach dem anderen, ohne je aus der schwierigen Ordnung verschränkter Reime zu kommen. Ganz gewiß auch ohne irgendwelche vorbereitende Aufzeichnung vor sich zu haben, das wäre ganz undenkbar gewesen. Und wenngleich ich diese Art der Hervorbringung Tag für Tag ja gewöhnt war und das soeben Entstandene mir selbstverständlich aussah, als sei sein Hervortritt nichts weiter, und als sei es wirklich bloß etwas wartend Vorhandenes gewesen, was eben hervortrat, so war mirs in diesem Falle, beim »Großen Traum« nicht geheuer. Ich fand, das sei schon Magie.

Freilich, ich liebte dieses lebenslange Gedicht mehr als vielerlei anderes; er wußte es, wie hätte er es nicht wissen sollen, man hatte ja ohnehin immerzu das Gefühl, durchschaut zu sein und gewußt zu werden; hinter jeden Busch, den man sich ausdenken konnte, hatte der alte Dramatiker ganz gewiß schon einmal eins seiner vielen, vielen Geschöpfe gesteckt. Es war ziemlich aussichtslos, einen neuen Busch aufzutreiben.

Dazu kam, ich hatte von Anfang an dieses geheimnisvolle Gedicht als die große Sache des Manuskriptenschrankes empfunden. Es war wenige Tage nachdem ich ins Haus kam, daß mir der alte Herr ein paar Schriftblätter gab und mir auftrug, sie zu entziffern. Im Gefühl meiner Wichtigkeit machte ich mich unverzüglich daran, hatte indes eine ganz schöne Plage. Denn ich kannte wohl die Schrift Hauptmanns oder glaubte es doch; aber so fürstlich sie auf dem Papier steht, sie ist sehr schwer zu lesen, besonders in ihrer Variante als Bleistiftaufzeichnung,

wenn sie eine Schrift von unterwegs ist, auf Morgengängen geschrieben, über Bergwiesen, Interpunktionen und Umlautzeichen verschmähend und zu winzigen Abbreviaturen verkürzt.
Hauptmanns Schrift. Es hat mich immer glücklich gemacht, sie zu sehen. Da man sich fürchten muß vor Worten, die sich dem, was sie meinen, zu schnell an den Hals werfen, zögere ich hinzuschreiben, was ich doch hundert Male empfand: sie ist das Glück selber. So schreibt das Glück sich. Auch Leiden, auch die Leidenschaft schreibt sich so.
Glück also und Leiden. Und noch: es ist eine Schrift, die etwas Hörendes hat, es ist eigentlich eine Nachschrift; sie ist eilig. Es gibt eine philologische Meinung, daß Geist in sehr alter Zeit das Gischtende heiße, also dasselbe wie Gischt sei. Das abgesprühte Obere der Welle. Mag dem sein wie ihm will, aber das Weggerissene, das Fortgewehte ist es, was auch diese Schrift hat.
Die Blätter, die ich typieren sollte, waren der Anfang des ganzen Gedichts, des »Großen Traumes« erste beide Gesänge. Der erste Gesang hat die ganze Dichtung wohl in Bewegung gesetzt. Er ist von der Last zweier Finsternisse erpreßt, die zu jener Zeit einfielen: dem Ausbruch des ersten Krieges in diesem Jahrhundert und dem plötzlichen Tod Frau Mariens, der verlassenen Frau, auf einer Reise im Hamburger Bahnhof. Zwei Schläge, zwei Qualen: dies engt den Begriff des Träumens gleich ein. Es sind Ängste. In seinen Träumen weitet sich Jeder nach der Seite aus, nach welcher er offen und unge-

schützt ist und die Schale durchlässig. Die Seite des Glücks wird es seltener sein als die Seite des Unglücks.
Sein Träumen war angstvoll, wohl meistens; er sah viele Verhängnisse kommen. So wie es ja alle paar Tage vorkam, daß er nicht aufwachen konnte und in einen Alptraum gefesselt jammervoll aufschrie; man wartete, um ihm zu Hilfe zu kommen.
Gleich tritt Satanael auf, und er wird das Gedicht und den großen Träumer nicht mehr verlassen. Eine Gestalt der christlichen Sage, gnostisch-manichäischen Überlieferungen entnommen, wird Satanael als Bruder Jesu gedacht. Man wird sich mit dieser Traumgestalt bekannt machen müssen, will man etwas vom alten Hauptmann erfahren; doch wird es nicht leicht sein, da sich die Züge des Halbgotts nur unklar, wie mit Kohle auf Schwarzpapier konturieren, schwer lesbar, und wechseln, dem Dichter wohl lieb so, da er das Klare nicht liebte. Wie Jesus wünscht sich auch dieser Sohn Gottes, mitzuleiden auf Erden, und mehr Leid noch zu nehmen als Kreuz, Blut und Wunden. Dieser Jesusbruder hat mit den glücklich-unglücklichen Menschen an den Quellen der Sünde getrunken, an Schwäche, Irrtum und Schuld. Gott sein ist mitleiden; wie könnte Gott tot sein, da er mit Leidenden leidet.
Doch zuvor, bevor das Träumen in Halblicht, bevor diese endlose Wanderung durch Zwischenreiche beginnt, steht die Widmung. Es ist die Huldigung an die Mutter. Das waren die Blätter, die Hauptmann mir damals zur Entzifferung gab und die ich, hin-

gerissen, im Lauf eines Vormittages erriet: wie das gelbe Weibchen, das Totentuch noch ums Kinn, in den dröhnenden Himmel einzieht, die Himmelstore aufspringen und, ungeheure Hyperbel, Gott selber auf seinem Throne erbleicht vor der Kraft, die hier einzieht. Vor der großen ewigen Mutter.

Es muß erlaubt sein, die eigenen Bilder einzuschießen beim Lesen, da es ein anderes Lesen in keinem Fall gibt, und sich dazu zu bekennen. So kann ich die Widmung dieses Großen Traums niemals lesen, ohne daß ich mich an eine Geschichte erinnere, die eigentlich weniger ist als eine Geschichte, bloß ein Auftritt, und die mir damals irgend jemand erzählt hat.

Mutter Hauptmann, auf welche die schlesische Wortform Muttelchen angewandt wurde, wohnte in Warmbrunn, als ihr Sohn berühmt und hochberühmt wurde und sich in Agnetendorf droben ein Schloß zu bauen begann. Der Bau war fertig, Muttelchen wurde geladen. Es muß zugleich das Mal gewesen sein, wo die alte Frau und die junge Geliebte, die nun hier wohnen sollte für immer, sich zum ersten Mal sahen. Margarete Marschalk war fünfundzwanzig, Geigerin, Schauspielerin, Schwimmerin, Reiterin, ein schönes, unbändiges Mädchen. Zum Empfang der Mutter muß sie es sich ausgedacht haben, der alten Frau an der granitenen Burgtreppe entgegenzugehen und ihr eine Huldigung zu erweisen, die etwas theatralisch ausfiel, dem Geschmack jener Jugendstiltage nicht unlieb. So ging sie, während die Mutter die Treppenstufen herauf-

kam, in einen Fußfall mit weit ausgebreiteten Röken, womit sie die einfache Frau in so ängstliche Verlegenheit brachte, daß sie nichts sagen konnte als: »Ach Gotte nee, Gotte nee.«
Ich weiß nicht, wo Hauptmann damals die Blätter hernahm; in den beiden Manuskriptenschränken des unteren Turmzimmers, dem Isis-Schrank und dem »anderen«, ließ er meist Andere suchen, und im Archiv im Keller habe ich ihn niemals länger als eine Minute gesehen. Längst war es ja so, daß sich Andere, deren Treiben er höfliche Achtung erwies, dort hundertmal besser als er selber auskannten; was er über deren Forschungen dachte, blieb unausgesprochen. Doch ist es leicht vorzustellen, daß ihre Weise, sich diesen Dingen zu nähern, ihm unsagbar fremd blieb; einmal kam ich dazu, als die Post ein Buch über ihn brachte und er in der Halle im Vorübergehen hineinsah. Er legte den Band wieder hin, schien bedrängt, beschrieb eine treppenartige Geste und äußerte trüb: »Die Makulatur um mich häuft sich.«
Als ich das Entzifferte abends vorlas, war er über die Maßen bewegt; wie hätte es, in der Erinnerung an solche Momente, anders sein können. Der Text war damals zwanzig Jahre und mehr alt; er sagte, er habe diese Terzinen seit damals nie wieder gehört und gelesen, vielleicht auch außer ihm niemand. Wohl möglich; ihm lag ja nichts ferner als alte Werke wieder zu lesen. Warum auch, das war ja erledigt. Als ob der Künstler ein Wegmacher wäre, ein Straßenarbeiter, damit andere gut fahren. Er ist

eher ein Bergmann, treibt Stollen, steht vor Ort, um zu schürfen, für sich, nicht für Andere. Alte Werke, das sind alte Stollen, in denen ist nichts mehr zu holen. Da lockt es und glitzert es nicht mehr.

Auch jetzt war es so. Das Alte meldete sich, um weiter gefördert zu werden. Die große Stunde des Gedichts kam noch.

Januar 36. Erst nach Jahren wurde mir deutlich, was vorging. Wie das Gedicht im Donnergrollen des ersten Krieges begann, so spürte der alte Vorherseher jetzt den Heraufzug des zweiten. Das mag überraschen, weil man ihn lau und läßlich und vor den Machtverhältnissen zurückweichend schalt, und nicht grundlos, so wars auch. Er war so wenig einverstanden wie Andere, bloß daß ihm die Zuversicht fehlte, daß es je anders werde in Zeiten und Läuften. Wieder einmal Blutbäder, die mit Glückschildern angezeigt wurden. War es je anders gewesen?

Januar, Rapallo. Ich finde auch jetzt noch, ein kraftvoller Winter im Riesengebirge ist besser als dort die lauwarme Feuchte. Wenn im südlichen Winter frühe Dunkelheit einfällt, saugen die Stunden sich wie Schwämme voll Melancholien. Dazu dieses Deutschland, das sich von außen noch tollgewordener ansah als drinnen. So begann im Studio droben, auf der wolkig trüben Warte, wie es im Gedicht heißt, das Große Träumen aufs neue. Es begann mit jenem verzweifelten, blutüberschwemmten, hoffnungslosen Gesang, der den Tantalos aufruft, den Erzmörder, und alle Menschen seine Nachfahren nennt und

Höllenszenen ausmalt und den Baum des Tantalos befrachtet sein läßt mit Symbolen des Mords und des Schreckens.
Ich sage es bloß, weil immer mehr Mißverständnisse aufkommen. Ich war von dem Text, den ich da aufschreiben mußte, betroffen, doch ich erkannte den Ernst des Orakelspruchs nicht. Ich müßte lügen. Ich haßte, wie alle Anderen haßten; mit anderen als mit Hassern sprach man ja nie, und übrigens lebte ich gerne. Ich spottete und verachtete, wie Alle taten, und versuchte, das Beste zu machen. Den Zeitlauf für durchaus hassenswürdig zu halten, ist eine Stimmung des Wohlstands; wenn es hart auf hart geht, gibt es keine Selbstmorde. Ich glaubte, wie Alle, zuweilen an ein Ende mit Schrecken, aber schreckte der Schrecken? So war ich in die seltsame Lage versetzt, das Orakel zu hören und es zu verstehen und wiederum auch nicht zu verstehen; ich nahm das Orakel nicht an. Wie es denn zum Begriff des Orakels gehört, daß sich an ihm das Unvermögen zu hören erweist. Unbelehrbare Menschheit.
So weiß ich über die vielen Jahre hinweg, daß es mir damals, im Jahr siebenunddreißig, in meinen grünen Jahren, über den Rücken lief und ich halb dachte: »Der Alte übertreibt aber ganz schön« und dann, im Vorhinein, auch wieder eine Art verrückter Lust in Selbstqual empfand, die wir haben, wenn Bosheit, die vor unseren Augen geschieht, so gerächt wird, daß es den Unschuldigen mit dem Schuldigen trifft.
Wenn ich mir jetzt, so viele Jahre danach, die

Freunde herzähle, mit denen ich ein Leben lang hätte befreundet sein wollen und die nun in Rußland liegen, und ich ziehe die Linien von ihren Toden zu jenen Stunden zurück, so ahne ich, was der alte Dichter, der zu groß von den Verhängnissen dachte, um an Entrinnbarkeiten zu glauben, in Nächten litt.

Um in Rapallo ein wenig für mich sein zu können, wohnte ich zehn Minuten vom Excelsior entfernt in dem Fischerdorf San Michele di Pagano, das aus einer Häuserzeile und einem Hotelchen bestand; es hatte sechs Zimmer, statt der Fenster je eine Glastür mit Gitter; wenn die Tür offen war, sah man nichts als das Meer, meerblau auch die paar Möbel. Es war eines der Gasthäuser, mit denen Italien durchsetzt ist, ein Geschäft, das eine Familie ernährt, die insgesamt mithilft, jeder kann was und tut was, die Mutter herrscht und der Vater stört nicht und du lebst wie der Vogel im Hanf. Hauptmanns, auf dem Spaziergang, wollten doch einmal sehen, wie ich so hause. Das Ergebnis war Trauer; der alte Dichter sah plötzlich, was er natürlich schon wußte, aber nicht mehr zu ändern vermochte, wie gefangen er war in den Ketten des Aufwands, in der Bastille des Ruhms, den Tributen des Anhangs, lebend in grauenvollen Palästen, unter rachsüchtigen Dienerscharen, in einer Gesellschaft, die bei jedem Doppel der Preise multiplik an Zuwidrigkeit zunimmt. Hier, für den Zehnten von allem, er sah es, wohnte die Freiheit.

In diese Meerzelle hatte ich einen Stoß alter Notizbücher aus dem Agnetendorfer Archiv mitgenommen, worin sich alte Fragmente eines Wiedertäuferdramas befanden; ich wollte die Szenen entziffern und einen Text zusammenzustellen versuchen. Ich hatte zu Hauptmann wohl einmal erwähnt, daß ich dies vorhabe, doch wenig Beifall gefunden. Jetzt, bei dem Vormittagsbesuch, sah er die Notizbücher; er war unzufrieden und meinte, er begreife nicht, was ich da wolle und es sei ihm nicht recht, durchaus nicht; er sei doch damals nicht weitergekommen und es könne nichts Gescheites dasein; überhaupt, wozu diese alten Geschichten. Ich solle lieber spazieren gehen mit ihnen, an jedem Tag scheine die Sonne nur einmal.

Doch wurde es mehr und mehr, was ich fand und entzifferte, abschrieb und zu einander zu fügen versuchte. Im Jahr 1909 geschrieben, in den Tagen des »Quint« also, waren die Szenen freilich nicht nur kein Ganzes, auch kein fertiges Halbes, vielmehr immer neue Ansätze, gewiß auch Verworfenes, das als verworfen nicht kenntlich war, und großartig Vollkommenes, wobei nicht zu erkennen war, an welche Stelle es sollte. Doch hatte mir Hauptmann einmal gesagt und ich rief mirs zu Hilfe: die Bildhauer hätten es gut, denn sie hätten bereits ihren Ton, und die Maler hätten bereits ihre Farben, aber beim Schreiben müsse man sich die Szene, die Seite, den Rohstoff, aus welchem geformt werden müsse, erst schaffen. Es wäre auch daran zu denken gewesen, daß ein großer Satz lautet, er geht auf Cézanne, aber ich habe ihn immer im Hinblick auf Hauptmann geliebt: die großen Werke seien von Ungeschickten gemacht.

So kamen im Laufe des Frühlings zwei Mappen voll Szenen des Wiedertäuferdramas, etwa drei Akte, zusammen. Ich schrieb sie den Sommer über in Eilsen, Agnetendorf und Hiddensee ins Reine und beschloß, das Gewonnene Vater Hauptmann im November zum Geburtstag zu schenken.

Doch da war noch ein anderes Überraschungsgeschenk in Bereitung, ich betrieb es mit Eifer und versprach mir nicht geringen Erfolg.

Bei einem ihrer Aufenthalte in Dresden hatten Hauptmanns das kolossale Bildnis Goethes gesehen, welches David, der sich nach seiner Vaterstadt an der Loiremündung d'Angers nannte, von dem achtzigjährigen Dichter gemacht hat. Der junge Bildhauer, obgleich mittellos, war eigens nach Weimar gereist, um den großen Europäer zu ehren, und so überschwänglich romantisch wurde denn auch sein Marmor. Später zum zweiten Male in Deutschland, in Dresden, sich dort glücklich fühlend und mit Dresdener Künstlern befreundet, hat David eine Variante des Jugendwerkes geschenkt, die er am Sockel nicht, wie die Weimarer Büste, *Goethe* benannte, sondern *An Goethe*, bezeugend, daß dieses Flammenhaupt weniger Bildnis als eine Huldigung sei. Der Dresdener Bibliothek zugehörend, die in dem prächtigen Japanischen Palais am Elbufer war, war das begeisterte Haupt soeben neu auf einen hohen Sandsteinsockel gestellt, als Hauptmanns es bei einem Vormittagsbesuch kennenlernten und sich entzückten. Das gab ein paar Jahre danach den Gedanken, einen Abguß davon im Agnetendorfer Haus aufzustellen. An Goethe. Huldigung eines Hausgeists.

Der Leiter der Skulpturensammlung auf der Brühlschen Terrasse in Dresden, dessen Beistand für den Abguß gewonnen sein wollte, hatte Einwände. Bei einem Abguß, so mußte ich lernen, verliere ein Marmor die Unschuld; Poren schlössen sich, ein Schimmer der Oberfläche sei alsdann für immer dahin. Dazu kam, das Gelock dieses Genius, Marmorflammen, mußte dem Gießer und Former Schwierigkeiten bereiten. Indessen, am Vortag des fünfzehnten November telefonierte der Bahnhof in Hermsdorf, es sei eine riesige Kiste gekommen, wie die denn hinaufgeschafft werden solle. Wir hielten sie dann im Keller verborgen, wo genug leere Weinkisten waren, aus denen es möglich sein mußte, einen Sokkel zu türmen.

Die November in Agnetendorf waren gästelos, das große Haus im Riesengebirg lag still, erwärmt und erleuchtet; für diesen lichtlosen, stürmischen Monat schien es mir im Besonderen gebaut. Im Inneren des Hauses die Halle; auf der Galerie war der richtige Platz. Im Morgendunkel des Fünfzehnten schafften wir alle Kisten nach oben, bauten den Sokkel, umkleideten ihn und stemmten den gipsernen Felsblock. Flüstern und Vorsicht; es war wenige Schritte von der Schlafzimmertür des Hausherrn entfernt, der jeden Augenblick heraustreten konnte. Als alles aufgetürmt war, sah es aus, als sei es schon immer so und nicht anders gewesen. Die Büste, die nicht hoch genug aufgestellt werden kann, da sie für den Aufblick gemacht ist, stieß fast an den Galeriebogen, der flach war; von unten, aus der Halle, ließ sich im Dämmer schon sehen, daß die

Maße die richtigen waren. Der alte Herr mußte, um über die Galerie aus seinem Schlafzimmer ins Badezimmer hinüberzukommen, den Sockel fast streifen.

Ich war nicht zugegen, als er den neuen Hausgenossen bemerkte. Aber es muß so gewesen sein wie gewohnt. Er trat aus der Tür, in der kamelhärenen Kutte, die seinem Morgenauftritt etwas mönchisch Geprüftes verlieh, zu Recht wohl, da Buße und Künstlerschaft untereinander verwandt sind; Luther bekannte, daß seine Nachtkriege schwerer als seine Tagkriege seien. Die Veränderung des Raumes entging ihm unmöglich lange, seine Vogelaugen sahen ja immer gleich alles, jeden Punkt in der Ferne, jeden Gegenstand, der vordem nicht da war, er sah beiläufig hinblickend alles.

So sicher auch diesmal. Fünf, sechs Morgenschritte, langsam, wiegend bei zurückgelehntem Körpergewicht, die Augen mit den kleinen Pupillen auf den Wolkenumriß im Morgenhalblicht gerichtet, mißtrauisch. Dann das Erkennen. Ach, Dresden. Der Elbsaal im festlichen Gartenpalais. Die offenen Fenster, der unabsehbare Flieder. Ein Abguß natürlich. Die Hantierung mit Ton und mit Gips aus römischen Jugendtagen vertraut. Das Flammenhaupt also? Etwas stark, es hätte gefragt werden können. Dennoch, ein Einfall. Gut. Also hatte das Haus seinen Lar.

Im Grunde waren das alles ja keine Geschenke. Man bekommt nur geschenkt, was man hat in der Form eines Wunsches, der Hohlform. Wünsche mit Fünfundsiebzig, das können Erweise nur sein dafür, daß man nicht Zeit versäumt habe, nicht Leben.
So hatte der alte Herr sich seine Geschenke selber geschaffen, als Künstler zu schenken gewohnt. Mindestens war es am Abend so, als ich, nach Tisch, die zwei Mappen mit den Wiedertäufern herbrachte. Die Lesung ging lange. Anfänglich ohne Vertrauen, zog er mir alsbald das Wort vom Munde, das doch das seinige war, mich tausendmal unterbrechend, da er jede Szene und jede Wendung der Handlung mit Neugier wie etwas Unbekanntes aufnahm, sich auch den Vorgang selbst wiederholte, feststellte. »Also er meint ... wie sagten Sie? ... also sehen Sie mal an, da läßt er ihn aber ganz gehörig abfahren ... na hören Sie, das ist aber eine rabiate Person ...« solche Glossen der Verwunderung längten die Lesung, und dazu immer wiederholte Versicherungen, daß ihm das alles ganz neu sei, wie nie Gehörtes geschenkt, und es könnten doch nicht die ganzen zwei Mappen voll davon sein, und es sei ihm nicht bloß der Verlauf des Ganzen und alles Einzelne aus der Erinnerung geschwunden, vielmehr habe er gänzlich vergessen, daß es überhaupt da sei. Ich sah wohl, daß es so war, und konnte es doch nicht recht fassen; mir fehlte die Einsicht, daß es zum Schöpferakte gehört, daß Erinnerung an ihn schwindet. Was von außen her kommt, Widerfahrnis, Wunden, das hält sich

offenbar im Gedächtnis; Zeugung vergißt sich. Hervorbringung, die sich am liebsten im Halbbewußten begibt, hinterläßt kaum Erinnerung. Einfall setzt Leere voraus, Höhlung, in die etwas falle; das löscht hinter sich seine Spur.

Nun ist freilich das dramatische Bruchstück der Wiedertäufer unter so vielen Fragmenten, die daliegen, eines der kräftigsten, und die drei Akte, die sich beiläufig anfanden, bedeutend. Hauptperson scheint der Machtwahn zu sein, wenn man darunter die unheimliche Veränderung versteht, die eintritt, wenn Macht, Macht des Wortes, des Glaubens, die leise Macht des Gedankens, zu Bemächtigung wird, zu Übermacht, Mehrmacht. Es ist das: »Siehe, so sterben die Seelen«, das der sanftblasse Jan spricht, der Schwärmer, der nachher der Schlimmste sein wird von Allen. Macht, diesen Namen trägt hier das Verhängnis. Das Verhängnis, an welches Hauptmann, versprengter Grieche, als an die obere Gewalt dieser Welt glaubt, stärker noch als die Götter. Wie oft bei Hauptmann, ist am Anfang der Handlung noch Licht, dann verhängt sichs. Die Wiedertäufer von Münster: erst reine Glaubensbewegung, dann, wenn die Fragen der menschlichen Ordnung, des Gerichtes, der Befehlsgewalt und der Verteilung der Güter vorkommen: Verbrechen. Erst alles auf die Erwartung eines messianischen tausendjährigen Reiches gestimmt, politische Wohlfahrt im Einverständnis des Himmels, dann Botschaft der Rache, weil die Herrschaft der Guten (die sich so nennen) doch immer die Vertilgung der Schlechten voraussetzt (die deswegen so genannt werden). Erst allgemeine Güterverteilung, dann Prunk der Führer, erst Hoheliedklänge, dann die glücklosen Banalitäten der Libertinage, erst Hochstimmung, dann Selbstbetrug und Betrug und die schwarze Kunst, Macht aus der Masse zu schlagen. So dreht sich das Welttheater von Münster.

Jetzt schmolz, wenn es erlaubt ist, mit dieser Wendung die Erinnerung an eine berühmtere Lesung zu wecken, ein Dichter bei seinen eigenen Kohlen. Nach der Szene, in der Knipperdolling auf dem nächtlichen Marktplatz zu Münster in einem Meisterstücke der Demagogie das Volk aufbereitet, sich in sein eigenes Verderben zu schreien –, nach dieser heftigen Szene, die sich jetzt, im Jahr siebenunddreißig, anders anhörte wie zur Zeit ihrer Niederschrift, achtundzwanzig Jahre zuvor –, vielleicht auch, wer kann es wissen, in einer Regung von Wehmut oder in einer Regung von Kleinmut, der immer zur Hand ist –, vielleicht auch weil die Stunde vertraulich und aufgelöst war vom vielen Wein, den wir tranken –, vielleicht auch, weil ihm auf einmal die alten Zeiten vortraten, in denen es leicht war, aus Zweifel immer wieder zu Hoffnung zu kommen –, wie immer: nach dieser rasenden Szene, dieser Rede aus Springflammen war es, daß er über die Tischecke hin die Hand, die zuvor das gerötete Gesicht und die Augen rieb, mir auf den Arm legte und zwei Mal fragte: War ich ja wohl ein Dramatiker?

XVI Neumond

Daß die Ausgräberei, die seit zweihundert Jahren im Gang ist, die Modelle unserer zerstörten Städte entwarf. Welcher Eifer, Ikonen des Unterganges zu schaffen. Welche Lust zu Trümmern. Welches Schmausen aus Gräbern und Grüften. Wie ich vom Gipfel über die Insel hin schaue: das habe ich doch schon einmal, anderswo, und genau so gesehen? Eine Luftaufnahme, aufgeschlagene Doppelseite in *Life*, es war bloß ein Ausschnitt, also nach allen Seiten weiterlappend zu denken, winzige Aschenquadrate, endlos, endlos. Es war das zerstörte Berlin, man zeigte es uns in Gefangenschaft, 1945, man ätzte uns damit das Heimweh.
Archäologie hat geweissagt, ohne es freilich zu wollen. Erst Pompeji, Troja, Babylon, Timgad, dann Rotterdam, Warschau, Coventry, Hamburg, Köln, Hiroschima, Dresden. Wie unbeträchtlich, daß Archäologie zu Anfang etwas ganz anderes gewollt hat. Wer sagt denn, bei den Jahrhundertträumen komme am Ende heraus, was man sich zu Anfang gedacht hat? Eben nicht, eben niemals.
Eine Brandwunde ist diese Insel, narbig und schorfig. Diese Skelette von Häusern, Straßen und Vierteln. Diese ausgeschliffenen Pflaster. Prellsteine an Gassenecken, glatt, einst von Kindern beritten. Was nur die Reisescharen hier suchen? Denn etwas muß es doch sein, weshalb sie sich die Plage antun und zu Luft und Wasser ankommen? Es ist doch nicht möglich, daß sie immer noch meinen: Hellas, das

Ideale, die Klassik? Oder meinen sie doch das und wissen nicht, was sie antreibt, hier ihr *Memento mori* zu sehn? Welcher Hang zum Mindesten, welche Neigung zum Abtrag, zu Resten, zum Vergang, zu Moder und Asche.

Das plagt nun die Träumer, das verfolgt nun die Sorger und Seher. Giacomettis Figuren sinds, die solche Trümmerfelder begehn. Glieder wie Lärchenzweige, von Knospenknötchen besetzt, Beine wie Spinnenfäden, die mit klebrigen Tropfen behängt sind. So kann niemand stehen. So wird keiner Stand halten können. Sie tasten, wie Spinnen das Bein viele Male aufsetzen, bevor sie es wagen. Und doch schwere Füße, wie schwere. Schleppen sich durch die Gassen, die bloß noch schulterhoch sind, Geister an Eisenkugeln gekettet. Tun immer dasselbe, in leieriger Monotonie, treten ein in die Häuser, die kein Stockwerk mehr haben, nicken. Es ist auch zu sehn, daß sie dürsten, denn es ist keine Feuchte in ihnen.

So hat man durch die Jahrhunderte Johannes den Täufer gemalt. Das sind die Gliederformen der Wüste. Johannes vorweg, Johannes der Vorläufer, Johannes, der auf den Anderen verweist. Ich muß abnehmen, Jener aber wird wachsen. Ich verblassen, damit er, der Andere erscheine. Denn es grenzt an Erpressung: ist erst die mindeste Minderung erreicht, Neumond, so muß, muß es umschlagen.

Am Anfang steht ein Gefangenschaftsbild. Es ist ein Fensterausblick. Das wäre nichts so Besonderes, Gefangenschaft ist ja cin Fenster, wenn nicht dies Tote auf dem Fensterbrett wäre, eine Krähe mit hoffnungslos hängenden Flügeln. Kein Augenblick kann durch das Fenster gehen, ohne daß er Trauer aufnähme als widerwärtigen Duftstoff.

Gefangenschaft also. Die Meisten kennen die Lage, wer hat sie nicht so oder so einmal kennengelernt, wer lebt nicht in einer Art Käfig. In der Gegend zwischen Kairo und Suez, in tischplatter Wüste, dachten wir, daß es die besondere Schrulle unseres schrulligen Lagerobersten sei, daß er uns das Malen gestatte. Erst später begriffen wir, das gehörte zum Umerziehungsprogramm, wir sollten die Freiheit erlernen. Gut, und das wollten wir ja; wir wollten ja gar nicht Gefangene sein. So wurde mit Eifer gemalt; wer malen konnte und wollte, genoß eine Art Ausgang. Er durfte aus seinem Käfig heraus und den Käfig der Schönen Künste aufsuchen. Man sah in den Morgenstunden die Künstler die rotgelbe Lagerstraße hinaufgehn, bis um zehn oder elf Uhr die Sonne alle Farben auffraß. Ab und zu gab es Ausstellungen in einem dafür errichteten Großzelt, durch dessen Einschlupf viel Licht fiel, sodaß es immer noch heller im Zelt war als an einem Grautag in unseren Museen.

Daher kenne ich Bilder wie dieses, auf die Pappe eines Margarine- oder Fleischkarton aufgemalt, Ab-

fall der Lagerküche, und ich glaube zu sehen, wie der melancholische Mann dieses Stück in die Hand nahm, bemalte und die Cornedbeefpappe ausdrücklich mitreden ließ, da er sie bloßlegte, ritzte: Pappe, Abfall, Ding des Gefangenenlagers.
Ich weiß nicht, in welcher Art Käfig Werner Heldt jenes Bild mit dem toten Vogel gemalt hat. Aber das weiß ich, daß seine Gefangenschaft ein Bruder meiner Gefangenschaft war, und mehr weiß keiner vom Andern.

Wenn man davon abkäme, Künstlerschaft als eine Biografie und als Laufbahn, als Gesammeltes Werk und als Quantum zu sehen, das in Deutschland von je Argument war, so würde es leichter verstanden. Es war so: langer Anlauf, ein geduldiges Warten, dann plötzliches Finden, eine Spur, die er niemals wieder verließ, und alle Zeit, die noch blieb, auf zwei Dutzend Bilder verwandt, in denen immer und immer dasselbe gesagt ist. Dieser Mensch hat immer nur an einem einzigen Bilde gemalt.
Dergleichen ist jenseit des Ruhms. Übertragen auf die Verhältnisse des schreibenden Handwerks wäre das so, als genüge es Einem, sein Leben lang zwölf Gedichte zu machen, eigentlich ein und dasselbe. Oder zwanzig Seiten, mit immer mehr stehengebliebenem Weiß zwischen den Worten und Sätzen. Dieser Mann täte bloß, was zu Zeiten des Schreibens mit Pinsel und Tusche, als man noch schrieb

wie die Maler, eine Selbstverständlichkeit war. Man wünschte sich damals, alt, nach möglichst *wenigen* Sätzen, den Fuß von der Erde zu heben, und man verwandte viel Fleiß, viel Geduld, unbeugsame Mühe darauf, aus wenigen weniger Sätze zu machen. Mit einem schmalen Bande abscheiden, das wünschte sich so ein ziegenbärtiger Meister. Da hätte man einen Text allenfalls aus dem Grunde gedruckt, damit man die Möglichkeit habe, ihn mit den Augen der Anderen, also von der anderen Seite zu sehen und dann noch einmal besser zu machen. Das sollte nur fest sein gegen den Vorwurf, es sei auf Schulden geschrieben wie ein Scheck ohne Deckung. Geschriebenes sollte mit Gold, das hieße mit Leben gedeckt sein.

Dieser tote Vogel konnte nie wieder weggetan werden, auf der Fensterbank blieb er liegen. Nur damit niemand denke, es komme gerade auf einen Vogeltod an, tauschte die Krähe sich öfter aus gegen Anderes. Anfangs war da ein Krug, Ding der Zelle, mindester Hausrat in Einsiedeleien und freundlich. Krähe und Krug, das lief später zusammen, wurde schwer löslich, quoll, wollte im Hals stecken bleiben. Einmal nahm es die Form eines abgefallenen Kastanienblatts an, vom Alleebaum der Straße, ein monströses Blatt, das sein Blätterwesen verleugnet und an der Stelle, wo eine Pfauenfeder ihr Auge, etwas Erblindetes hat. Dann wieder ging ein Kanalloch im sicheren Asphalt auf, ohne Warnschild, damit recht Viele fielen. Und wenn der Tag bös war, wurde das gequollene Ding unter dem Vorwand, eine Guitarre zu sein, eine verdammte Ziffer, die sich allen anderen voranstellt, alles nullt und alles zu nichts macht. Diese Ziffer hat alle Farbe verloren als käme sie aus dem Entfärber. Farbe aufgegeben, denn Farbe ist immerhin Hoffnung. Im letzten Bild schiebt sich aus dem schlechten Gewissen einer riesigen, fensterlosen, seitlichen Hauswand etwas Steifes wie aus einem Hosenschlitz vor, bohrt sich nach oben und bäumt sich, ein Blechrohr, das rußt und das ausraunt, ein Notenschlüssel der Stadt.

Ist das Berlin? Es ist Berlin und ist nicht Berlin. Kein Wahrzeichen, kein Name. Schöne, unsagbare Stadt, die gemeint ist. Diese Stadt, Jeder kennt sie, keiner ist sie gegangen. Jeder weiß: wenn er sie eines Tags gehn wird, wird es wie altgewohnt sein.

Häuser, aber es fehlen ihnen die Körper. Fronten, doch es ist nichts dahinter; Häuser wie auf Faltbilderbogen. So auch die Fenster. Keine Fensterstöcke und Scheiben; wird denn hinter solchen Fenstern gewohnt? Das könnte ausgebrannt sein, aber heil sind Fassaden und Dächer; es sind also keine Ruinen.

So auch die Straßen, die Plätze. Keine Menschenseele. Kein Leben. Leergewischt, leergeweht, lieblich. Von einem Wind leergeweht, wie er bloß in

den Straßen Berlins weht, Aprilwind, Abendwind, Meerwind. Das Geschwätz fortgetrieben. Jetzt ist es so leer in den Straßen, daß man daraufkommt: es sind überhaupt nicht die Straßen, es ist ihre Leere gemalt.
Die Tafel gelöscht und die Tenne gefegt, um ins Leere ein Hellgrün wie eine Nachricht, ein Rosa, willkommen, einen stahlblauen Funkspruch, ein Umbragrün wie einen Amselruf in einen Morgen zu setzen. Dem Auftritt der Farbe eine Erwartung gemacht wie schon lang nicht. Eine ganz leere Bühne. Da wird Farbe zur Zukunft, da wird Leere zur unvergleichlichen Schanze.

Der Preis, den dieser Mensch zahlte, war maßlos. Man kann ihn leicht sehen, in den Vordergründen, auf den Fensterbänken sieht man ihn wie hingelegtes Geld liegen. Doch so hoch er auch war, er scheint ihm, dem Zahler, nie hoch genug gewesen zu sein, denn niemals kam es zum Abschluß. Glück ist ihm immer in weiter Ferne geblieben, war immer bloß im Gefangenenfenster zu sehen. Nie zog er ein in die zärtlichen Straßen, immer lag etwas im Weg. Aus der Haft seines Unglücks hat er die selige Leere gemalt und die Hohlform.
Sei sie ihm niemals vergessen. Leere Gassen, Hohlwege. Alles ist voller Höhlung und Ansog, alles ist voller Erwartung. Alles quillt über vor Leere, alles ist voll von Bedarf.

XVII Nikandre

Ein Marmor, den man hier ausgrub, steht jetzt im Athener Museum. Er ist Arithmos Ena, Nummer Eins dieser ungeheueren Sammlung, denn er ist der früheste große Marmor der griechischen Kunst, den wir kennen. Auch der mächtigste; ich würde es mitsagen, wenn jemand es sagte und fände. Es ist Artemis. Wie ein Schlüsselband, das am Rock hängt, steht eingeschrieben, Nikandre aus Naxos habe dies Götterbild eingebracht; nicht gesagt wird: ist es ein Bildnis der Göttin oder ein Bildnis Nikandres, also ein Stifter- und Weihbild. Aber wir sollten das lieber im Ungeschiedenen lassen; dieser Marmor war eben ein Opfer. Ein Opfer, der Göttin eingebracht von Nikandre, einem Opfer der Göttin.

Wenn man vor dieses Götterbild hintritt: es ist wie Tau gegen Morgen. Man hört, daß der Stein, der wie eine Planke, fast wie ein Ruderblatt ist, seine Form von den uralten Holzbildern habe. Wie später Marienbilder hielten sie sich in dem Ruf, nicht von Menschenhänden gemacht, vielmehr vom Himmel gefallen zu sein; das hieße: eingefallen, gefunden. Mag schon sein, daß dieser Stein sich an uralte Hölzer erinnert. Mag er auch deshalb so bretten, so schwellenhaft sein. Doch wenn diesem Bildnis etwas vom Baum kommt, so von seinem Flüstern.

Eine Marmorstufe, die lotrecht aufgestellt ist, eine Schwelle. Die Zehen der Göttin, die unterm Rocksaum vorkommen, sind nur ins Flache geschrieben, wie eingeritzt und nicht mehr. Zwischen Brust und

Lende ein Einzug, so knapp er nur sein kann: ein Knoten im Halm, der sich aufbaut. Ein Schaft, der im Inselwinde sich hält. Drei vollkommen glatte Verläufe, jeder wie eine fallende Stoffbahn: ein erster Fall von der Höhe der Brust bis unten zum Rocksaum, ein zweiter: der Rücken, ein dritter, durchgeführt wie ein Spatenstich: die gegenteilige Rockbahn. Alles noch mit dem Auge des Künstlers gesehen, der im Steinblock eine Gestalt sah. Das Gesicht hinter Schleiern. Vom Gott nur, was man von einer Kerzenflamme im Wachs sieht, nur dieser trübhelle Schimmer. Hier kann Jeder lesen: Gott hat sich von jeher verborgen.

XVIII Hohenhaus

Schloß Hohenhaus liegt zwischen Dresden und Meißen am Elbhöhenhang, der an dieser Stelle »der Bischofsberg« heißt. Ein Renaissancebau mit Treppengiebel steht erdgelb unter sehr alten Bäumen. Die drei Brüder Hauptmann haben dort kurz nacheinander die drei jungen, verwaisten Schwestern Thienemann gefreit, Georg, der älteste, ein nicht sehr aussichtsreicher Kaufmann, dann Carl, der genialische, auf den damals jedermann setzte, und alsbald auch Gerhart, als Quartaner von der Schule gegangen, derzeit Breslauer Kunstschüler und neunzehnjährig, alle drei Brüder Habenichtse und nun auf einmal im Glück. Das ist ja alles bekannt.
Die märchenhafte Liebesgeschichte von Hohenhaus behielt über die Zeiten und die Verluste hin für den alten Herren den Glanz, den Träume besitzen; Hohenhaus, das war Paradies. Von Hohenhaus wurde selten gesprochen, wenn aber schon die Rede darauf kam oder doch in die Nähe, war Zurückhaltung. Zieh die Schuhe aus, heiliger Boden.
Von Dresden fuhr ich nach Hohenhaus, dessen Ruhm mir aus der Lebensgeschichte von Hauptmann, aus dem zärtlichen Lustspiel der »Jungfern von Bischofsberg«, besonders aber aus dem Idyllion »Mary« bewußt war. »Mary«, das ist ein Altersgedicht, das in der Trauer des Paradiesesverlusts jeden knirschenden Kiesweg, den Brunnen, die Grotte, das Aussichtsrondell auf der Höhe mit dem Fahnenmast und hundert Erinnerungen bedenkt, das Rätsel der

Zeit in den Händen haltend, in altgewordenen Händen: der Zeit, die doch einmal erfüllt war, und lang und wichtig und reichlich, und nun schnell war und eilend.

Ich stand am oberen Parktor, läutete, niemand öffnete mir. Den Besitzer kannte ich nicht; ich wußte, daß es ein Münchener Professor war, dessen Familie nur in den Ferien auf Hohenhaus wohnte. Doch konnte ich durch das Torgitter sehen, ein paar Zimmer waren behaust. Die Läden der anderen Fenster waren geschlossen.

Da sich nichts rührte, ich aber nicht aufgeben wollte, ging ich die Parkmauer außen entlang zur Gärtnerwohnung hinab. Der alte Gärtner Andreas, ich kannte ihn aus dem Gedicht, lebte noch: weißer Haarflaum, Käppchen und rosige Bäckchen; in der Gegend von Dresden und Meißen wurde noch lang übers vorige Jahrhundert hinaus Ludwig Richter gelebt. Er war noch älter als Hauptmann, wohl über achtzig, so daß er von dem alten Herrn sagen konnte: ich sehe den Jungen noch, wie er den Weg da hinaufsprang, lang und dünn und blond; Lichtel nannten sie ihn.

Aber der alte Andreas und entschiedener noch der jüngere Gärtner, der sein Schwiegersohn war, sagten, es bestehe ein strenges Verbot, einen Fremden in den Garten zu lassen; der Professor wünsche es nicht. Ich redete zu, erfolglos. Schließlich bat ich, doch im Haus droben für mich um Erlaubnis zu fragen, vielleicht lasse sich eine Ausnahme machen. Der Junge erwiderte: Das sei es ja eben, es sei niemand von der Herrschaft zugegen, der gefragt werden könnte; die Familie sei ja in München. Ich fragte zurück, wer die paar Räume droben bewohne, deren Fenster offen stünden. Das ganze Haus, erwiderte er, sei im Augenblick von keinem Menschen bewohnt und verschlossen. Ich zweifelte an seiner Aufrichtigkeit und meinte, das könne nicht stimmen, ich sei doch soeben am oberen Eingang gewesen und habe gesehen, daß jemand da sei. Der Gärtner lachte und sagte: das müßte man doch im Gärtnerhaus zu allererst wissen und ich habe mich eben getäuscht. Doch ging er, zwar kopfschüttelnd, und kam nach einer Weile verändert zurück: ich sei im Rechte gewesen, der junge Herr, der Student, und seine Schwester, das Fräulein, seien über Nacht angekommen; im Gärtnerhaus habe man davon noch gar nichts gewußt. Der junge Herr sei nach Dresden gefahren und komme nicht vor Abend zurück. Er habe aber meine Bitte dem Fräulein gesagt und sie komme gleich selber.

Alsbald kam sie in einem roten Jäckchen den Weg unter hohen Bäumen herab. Sie war dunkel und schmal und sehr jung, siebzehn.

Sie meinte, ihr Vater habe es ernsthaft verboten, jemanden in den Park einzulassen, weil er nicht so in Ordnung sei, wie er sollte; der Blumengarten sei ganz verwildert und das viele Laub nicht von den Wegen gerecht; es war Herbst, ein strahlender Herbsttag. Ich bat sehr und schilderte ihr, wie gern ich alles einmal in Wirklichkeit sähe, was ich in der Vorstellung habe: die Muschelgrotte mit dem Fries von panthergezogenen Eroten, den Brunnentrog mit der Löwenmaulmündung, das Friedenstal und das gemauerte Aussichtsrondell mit dem Fahnenmast auf dem Berg.

Sie lachte und wunderte sich, woher ich das wisse. Ich erwiderte, mir seien das sehr lebendige Dinge; sie müsse daran doch sehen, wie groß meine Freude sein werde, wenn sie mir erlaube, es einmal wirklich zu sehen; ich brenne eben darauf. Sie traute der ganzen Sache nicht recht, eigentlich aber doch wieder, sah mich mit vollkommen aufgeschlagenen Augen an und sagte schließlich, wir könnten den Park ja zusammen ansehen; wenn sie dabei sei, so meinte sie, könne ihr Vater nichts sagen.

Ich dankte ihr und sagte, hoffentlich werde ihr ihre Freundlichkeit auch nicht leid tun, denn ich möchte mir Zeit lassen und alles genau sehen; so ganz bald werde sie mich nicht wieder loswerden. Aber sie hatte nun Ja gesagt.

Es gingen auch ein oder zwei Stunden hin, bis wir alle Wege des großen hängenden Gartens ausgingen. Ich sah keinen Grund, mich zu eilen. Sie hatte ihr rotes Jäckchen über die eine Schulter geworfen und ging so dahin. Sie war unbefangen und fand nichts Besonderes dabei, mit einem Fremden ihre Paradieseswege zu gehen.

Der Boden roch laubig. An der Seite dieses jungen Geschöpfs, der Herrin dieses Bereichs, sah ich mich in eine Lage versetzt, die ein bißchen etwas von der Ewigen Wiederkehr hatte. Alles kehrt wieder, alles schon einmal gesehen. Das ist der Tigersprung durch

den Papierreif: die Trennwand war dünn, das Hindernis war keins. Keine Schwierigkeit durchzukommen, der Raum, der versperrt schien, war der eigene und selbe, Gefangenschaft war bloß geträumt.
Alte Zustände revenierten auf liebliche Weise. Da war ich gekommen, um den Ort eines großen Lebensmoments zu erkunden und fand Unwissend-Ähnliches vor, Vergleichbares, das von Vergangenheiten nichts wußte. Wie ihrer Zeit die vier jungen Schwestern hier ganz allein herrschten, ihre Mutter war lang und der Vater vor kurzem gestorben, so war dieses Wesen jetzt Herrin in diesem märchenhaften Bereich.
Ich konnte dem lieben Ding mehr über ihren Garten erzählen als sie selbst wußte. Das schien ihr nicht recht geheuer zu sein. Als ich ihr sagte, nicht allein ich, viele Menschen kennten dies alles, denn es sei Dichtung geworden und das sei, wie wenn eines dieser Laubblätter in Versteinerung eine Prägung für immer erfahre, eine Erhöhung über sein leichtes Blätterwesen hinaus, und nun sähen alle etwas darin, was sie schon gewußt hätten, bloß nicht so deutlich, und allesamt glaubten, alles fast genau so erfahren zu haben, bloß ohne die Erinnerungskraft, die immer zu schwach ist: da sah sie mich erst von der Seite her an und begann dann hellauf zu lachen, denn sie meinte, ich flunkere ihr etwas vor und hielt das alles für Mumpitz.
Sie glaubte, was jeder junge Mensch glaubt. Jeder ist insgeheim überzeugt, eigentlich habe die Welt doch erst mit dem Tag seiner Geburt recht begon-

nen. Jeder denkt, mit dem Aufschein seines Lebenslichts und dem Auftritt seiner Altersgenossen sei doch erst Helligkeit in die ganze Geschichte gekommen, vordem seien die Dinge verkehrt angefangen, falsch vorausgesetzt, dumm und altmodisch verschroben gewesen. Was das Schlimme ist, es ist nicht einmal zu bezweifeln.

Sie konnte sich keineswegs denken, ihr Paradies sei schon früher Anderen paradiesisch gewesen; daß große, alte Männer auch einmal jung gewesen sein sollten, hätte sie wohl nicht für möglich gehalten. Und auch darin war sie, widersinnig, im Recht. Im Paradies sein, das hieße, über Zeit und Zeiten, über Vergangenheiten und über die Zukunft nicht denken. Das müssen bloß die Vertriebenen.

Wenige Tage danach machte der alte Herr auf der Rückreise von Lugano nach Agnetendorf in Dresden Station. Ich sah ihn in einer Abendstunde im Hotel Bellevue an der Elbe und erzählte ihm meine Hohenhauser Geschichte.

Es war in demselben Hotelzimmer, in welchem ich einige Jahre zuvor zum ersten Mal Besuch gemacht hatte. Wie damals saß er in einem Sessel am Fenster, durch welches man den festlichen Platz zwischen Hofkirche und Oper und den Zwinger erblickte, dieses Herzstück von Dresden, das für ihn, wie für Viele, das Herzstück der Welt war.

Da saß denn der Alte, fünfundsiebzig, gegen das Fenster, im Abendlicht das so wandelbare, störbare, wie ein Teichspiegel von jedem Anhauch geregte, weiche, große, preisgegebene Gesicht, das ich so

liebte und das ich so viele Stunden, so viele Abende lang unverwandt anschauen mußte, ohne es müde zu werden. Als ich von Hohenhaus anfing, wurde er still und ermunterte mich, genau zu erzählen; er höre sehr zu. Ich erzählte genau. Es war gegen Abend. Nach einer Weile trat Frau Margarete ins Zimmer, denn es war Zeit, zu Tische hinunter zu gehen. Er bat sie um Aufschub, sie ließ uns wieder allein, ich mußte weitererzählen. Es wurde dunkel im Zimmer. Er schwieg, sagte nichts, auch nicht als ich schloß.
Dann waren wir drunten im erleuchteten, festlichen Eßsaal. Jeder Abend war festlich damals. Wir hatten wie immer den großen runden Tisch in der Ecke am Fenster gegen die Elbe, die Perlenzeilen der Stromlichter, und er hatte, wie immer, einen Platz mit dem Rücken gegen den Raum, um sich vor den Blicken der anderen Gäste zu schützen. Als das Essen beendet und mehr Wein bestellt war, sagte er, und ich sehe noch den besonderen Ausdruck seines Gesichts, das tausend Möglichkeiten besaß, eine Regung zu zeigen, wo andere Gesichter nur hundert Ausdrücke haben und wieder andere bloß zehn, also er sagte: »Nun eine Bitte, Lieber. Erzählen Sie Ihre Geschichte noch einmal. Es ist sehr merkwürdig für mich. Also bitte: noch einmal so, als wenn wir noch gar nicht darüber gesprochen hätten. Ich würde Ihnen sehr dankbar sein.«
Ich tat es. Von Herzen gern tät ich es noch, so oft er es wollte, denn nun ist das alles dahin und liegt glanzlos in Trümmern und es ist so vieles, vieles versäumt.

XIX Ein Leben wie früher

Der Gipfel ist eine Granitwanne. Man sieht ringsum Inseln, und von jeder Insel sieht man wiederum Inseln und jede besteht aus Gebirgen und Buchten; nie ist aus so wenig Masse so viel Land gemacht worden. Ein wütender Seewind, glasklarer Himmel und das Meer böse. Zwei, drei weiße Schiffe.

So stand ich vor Jahren auf einer ähnlichen Höhe, auf Samos. Sie war mit Kiefern bewachsen, Mittelmeerkiefern, so dicht, wie man es selten in Griechenland hat, lichtes Wäldchen. Weicher Boden von Nadeln. Die Grundmauern eines Heiligtumes im Schatten; fast war es so, wie es in den Träumen der Deutschen bei Iphigenien aussieht. Noch ein anderer kleiner Tempel war da, eine christliche Wallfahrtskapelle, zoodóchos pijí, die lebenspendende Quelle; wer sie zu trinken verstünde.

Mir war nicht zuversichtlich zu Sinn, es war Krieg, viertes Jahr, die Freunde fielen, jedermann hatte mehr tote Freunde als andere. Sie hatten viel Mut mit hinuntergenommen. Die Hoffnung, man werde nach Hause kommen und dort das liebe verlorene Leben noch finden, war bloß noch an sehr guten Vormittagen vorhanden, in den Nächten schon nicht mehr.

Also stand ich und lag ich, Stunden. Es war Juli. Hitze, aber wie es auf Inseln so ist, es war eine Spur von Kühle darin. Gegenüber das anatolische Festland, das Mykalegebirg, wie gebrannt, eine Scherbe. Dazwischen der Meerarm, schwarzblau, vom Mittagswind rauh, kleine Wellen. Da schob sich auf einmal ein Schiff –: aber so ist das kaum zu erzählen. Nämlich, das Meer war seit Jahren leer, unbefahren, verstorben; wir waren traurige Herren der Aigais, besaßen bloß Punkte auf Inseln, aber das Meer nicht. Was sich dort sehen ließ von den Unseren, war schnell gejagt und verloren.

Und nun auf einmal dies Schiff. Lackweiß, geputzt, es gefiel sich. Es schraubte sich lautlos durchs Blaue, mitten hinein zwischen Kiefernhügel und tönern braune Mykale. Wunder geschehen bloß einem wundersüchtigen Herzen und wenn es in Not ist; der Gesättigte lebt ohne Hoffnung. Ich war bereit, an das Wunder zu glauben, es sei plötzlich Frieden geworden; ich war seit einiger Zeit ohne Nachricht. Und obwohl ich mich täuschte, grausam, denn es war zwar ein Friedenschiff, aber außerhalb der Parteien, ein schwedisches nämlich, und fuhr von Insel zu Insel, um den schreienden Hunger zu lindern; der Frieden, der Frieden war weit. Also obwohl ich mich täuschte, schmolz mir das Bild dieses lackweißen Schiffs mit dem Begriff des Friedens so heiß in einer Sekunde zusammen, daß sich mir die Legierung nie scheidet. Wie ich mich jederzeit wundere, wenn Briefe, die ich einwerfe, dennoch ankommen, sind mir die weißen Schiffe, die ich jetzt zwischen Inseln und Buchten erblicke, Friedenswunder, von jenem damals entliehen.

An Werner Gilles

EIN LEBEN WIE FRÜHER

Der Sommersturm hat das Meer so gereizt, daß Schaumkämme da sind. Endlose Marschreihen, man sieht sie vom Gipfel. Schaum wird vom Sturm aufgenommen und zum nächsten Wellenkamm hingetragen, es gibt schleifige Strähnen. Eine Wellenreihe verzahnt sich so in die andere. Es ist eine Notenschrift über das Meer hin.
Ich kenne wohl diese Schriftzeichen. Ich habe sie auf den letzten Aquarellen des Malers Gilles gesehen, diese Neumen. Wieder erinnere ich mich, daß Gischt und Geist in einem uralten Wortzusammenhang steht. Mag sein oder nicht sein; die Zeichen, die Gilles gesehen hat, sind Geisterschriftzeichen. Der hat die Welt so gesehen, wie sie nicht mehr gewollt wird: erfüllt von wirkenden Geistern. Der hat sich abgesondert von denen, die davon überzeugt sind, List sei die oberste Weltmacht. Der hat sich geweigert zu glauben, daß Gott der Allistige sei. Denn es muß ja der listige Gott sein, der jetzt von Allen geglaubt wird, der große Gewitzte, der mit kaum faßbarer Schläue, mit viel Verbergung und Umstand sein Weltall in Gang gebracht hat; aber man wird ihm daraufkommen. Wenn man seine List weiß, wird es nicht unmöglich sein, eine Überlist zu erfinden: das ist das Glaubensbekenntnis der Neuzeit. Der Schöpfer ist abgelöst worden. Elementares Zertrümmern und Wiederzusammensetzen, Welt herstellen, das ist, woran sie fieberhaft arbeiten. Hinter die Schliche

des Weltverfertigers kommen, um alsdann, seine linkischen Fehler vermeidend, das Ganze noch einmal besser und endlich, zum großen Schlage ausholend, den Menschen selber zu machen: das ist dieser Aion.

Dann und wann aber kommt Einer, der nicht an den Listengott glaubt. Er unternimmt es, im Blickfeld der abgedankten Mächte zu leben, er ist wahnsinnig. Denn es ist wahnsinnig, so leben zu wollen. Ist es nicht ein verlorener Posten? aussichtlose Romantik? sinnloser Widerstand? Sicher ist es das alles.

So nimmt er es auf sich, ein Leben wie früher im Beistand von Engeln und schlimmen Geistern zu leben. Erscheinen sie ihm als Versucher? als Helfer? als Retter? Wie immer, sie erscheinen leibhaftig. Da heißt es, gewohnt sein, das Zimmer mit ihnen zu teilen, da heißt es, Abgaben gewohnt sein. Denn Opfer wollen sie alle, ohne Opfer ist niemals Verbindung. Da heißt es, gewohnt sein mit den Engeln des Teufels zu leben; wem diese Wendung befremdlich erscheint, sei erinnert, daß sie dem Munde des Paulos entstammt; der Apostel, seinen Leidenszustand erwähnend, man nimmt unter anderem an, er habe an Depressionen gelitten, schreibt den Korinthern: »er werde vom Engel des Teufels mit Fäusten geschlagen«, woraus doch hervorgeht, daß er Erscheinungen leibhafter Geister, göttlicher Boten oder Boten des Satans, gewohnt war.

Eine Zauberflötenhalle hat dieser Maler behaust; mit ihm wohnten Heilige und Quäler. Er wußte es nicht anders, aß Zeit, aß Brot mit ihnen und trug es, ihr Mitgefangener zu sein, da auch sie ja, als Zwischenwesen, nicht frei sind. Auf seinen Bildern kann man sie lesen, da sind sie. Sieh hin, in den Bergkämmen treibt es, es geht um auf den Stränden, in den Schluchten haust es, es warnt und verspricht von den Kaps. Abgestreift sind die Häute von allem, bloßgelegt die Strukturen; rote Kamine, in denen das Flüssige aufquillt, Lavaströme, Fumarolen mit Rauch aus der Tiefe. Man sieht in das Innere, gläserne Berge, man sieht die Arterien schlagen. Man erkennt die Erzadern, man erblickt die Skelette; zuweilen öffnen die Hänge sich, als drücke sich das Skalpell eines Chirurgen in sie zum Hautschnitt: da platzt es wie Schoten. Dann ist Ausgang und Eingang; dann wieder versiegeln sich Tore. Gipfel werden zu Vogelhäuptern, in denen sich Künftiges ansagt, Höhenrücken zu Schmetterlingspuppen und Strände zu Wiesen, die dasind, vom Glück beschritten zu werden.

Drei Bäume werden zu aufgezogenen Signalen des Wesens, das eine Schlucht zu eigen besitzt; hüte dich, sie zu betreten, ohne ihm durch ein Opfer, Hingegebenes von dir, zu bezeugen, daß du es ehrest. Wenn du ihm die Andacht verweigerst, so wird es sich fürchterlich rächen; dann bist du auf einmal von Gegenständen umgeben, nicht mehr von Dingen, bist in eine Schattenweltstadt geraten, die bloß aus Hingestelltem besteht, lauter Leergut, du hungerst, kannst deine Kinder nicht nähren, bist bald der Ärmste der Armen.

Ist es denn möglich, daß Schatten Leben wiedergewinnen? Für eine Weile, wenn Orpheus unter sie tritt. Die Müden, die Hoffnungslosen, die läppisch Zerstreuten, die Allinformierten, die Elendsgestalten der Wohlfahrt: solange Orpheus da ist, gewinnen sie blühende Erde zurück; dann wieder Rückfall. Mondhaft wie Erdgas erscheint am Ende des aufgeschlagenen Flügels die Aura einer Sonate, aber furios fährt ein Schlußsatz über den Himmel daher. Oder die Kammhöhen von Porto d'Ischia: blauer Räume Advent. Oder ein Abendhimmel: ein Rosa wie seliggesprochen; wie ein Kinderhimmel ist dieses Glück mit silbernen Hieben bemalt.
Dann wieder sind Bedrohungen zu Ziffern geworden, die mit der Eintönigkeit von fixen Ideen Immerwiederkehr halten: das geflügelte Sanduhrphantom, das übers Meer daherrudert; der Berghang, der wie ein eingesetztes Medaillon ein ideales Profil trägt, dein Lichtbild wohin ich mich wende; die Muschel, die daliegt, heb sie ja auf, denn ihr Rauschen sagt Jedem, der sie ans Ohr hält, was er immer und immer gewußt hat.
So lebt er, so haust er. So nimmt er den Schmerz, die Gefahr und die Sorge; seine Kunst ist nichts ohne Sorge. Ein Leben, wie es kaum noch gelebt wird. Ein Leben, als wäre nicht das geringste geschehen, nicht Gott tot, die Heiligen immer noch hilfreich, der Engel des Teufels zu fürchten und Geister, die längst schon hinweggeforscht sind: als wäre noch auf sie zu hoffen.
Geht denn das, so zu leben?

Ein Maler ein Wüstengänger von jeher: kein Weg und tausende möglich. Er war es von jeher gewohnt, im Unbegangenen zu gehen, er war immer Auswanderer. Er glaubte immer: die Tafel muß abgelöscht leer sein, bevor man hoffen darf, daß darauf etwas erscheine.
So geht das, so lebt er. Wie schwer begreiflich, wie tröstlich. Es ist also doch möglich, bei welchen Zahlungen freilich, ein Leben wie immer zu leben.

Du warst dumm, Gilles, wie machens denn Alle, hättests auch so machen sollen. Jury da, Jury dort, Vernissage, Rundgespräch, immer vorn dran. Öfter vorkommen. Das macht dich wertvoll, man braucht dich. Der Betrieb braucht sein Futter und die Fütterer brauchen es auch. Sie verzeihen dir alles, außer wenn du nicht mitmachst. Und sie haben auch recht, hättests glauben sollen, es wär auch das Beste gewesen. Dein Kalender wär voll gewesen, nein, nächste Woche gehts nicht mehr. Bald hättest du jammern dürfen, daß du keine Zeit hast, da war schon eine ganze Menge erreicht. Und man hätte dirs glauben müssen, man konnte dirs gar nicht verweigern. Wenn du den Schwerbeschäftigten spielst –: *überlastet*, das müssen sie glauben, denn Jeder ist froh, wenn ers so weit mit sich gebracht hat, daß er es selbst glaubt. So wärst du berufen worden, dahin und dorthin, Akademie, Hochschule, Gremium, Festrede, das kann alles nicht ausbleiben.

Und was machtest du? Verkrochst dich, trugst alles allein aus. Ostseewinter, daß du meintest, es holt dich der Teufel. Ischia, das lag damals weitab, es war dein und deiner paar Freunde Antoniusgebirge, deine liebliche, schreckliche Wüste. Machtest deinen eigenen Gefangenen in der Siegfriedstraße, oberstes Stockwerk, ratzekahl alles, jeder Hofhund im Holzhaus hat es dagegen gemütlich. Littest Einsamkeitsqualen, was natürlich verrückt war, konntest tausendfach Umgang haben, welchen immer du wolltest. Gingst bloß nachts aus, und dann in den Englischen Garten, der eingeschneit war, das erquickte. Verschmähtest es, deine Verzweiflung auf die Leinwand zu schmeißen, das erschien dir zu billig. Aber Andere tun das. Ihre schwarzen Stunden malen sie einfach, dumm, wer sie aussteht. Malen ihre Unordnung und verkaufen das auch noch, zu Preisen; das heißt wirtschaften. Und das geht, das geht gut; es ergibt sich, so viel schwarze Stunden haben sie gar nicht, wie gemalte verlangt werden; daher sind sie gezwungen, aus Umsatzgründen allerlei Seelenjammer zu malen, nach dem ihnen gar nicht zu Mut ist. Weiß auch der Teufel wies kommt, daß Gejammer über den allgemeinen Jammer noch Ruhm bringt.

Und du meintest, du müßtest deine Melancholien ausstehen? Nichts einnehmen? Du meintest, man dürfe nur seine Aufschwünge malen und müsse seine Traurigkeiten wie eine Sünde verbergen? Du meintest, man dürfe erst zu malen anfangen, wenn das Tief abzog? Denn du warst hinterdrein noch am Leben, das war freilich auch alles. Du meintest, es sei keine Lösung, wenn man sich in seinen Traurigkeiten *zerstreut?* Du meintest, man müsse sie auftreffen lassen? Eine Heimsuchung, also was Einen zu Hause aufsucht: du meintest, daß es nicht gehe, daß man dann einfach nicht da sei oder man ließe es klingeln? Du meintest, man könne sogar die Leere verfehlen und Herr Null reise dann eben nach Nulland?

Trauer, ausgehalten, läßt ein wenig Zuversicht stehen. Melancholie, getrunken, bleibt Hoffnung.

XX Der Kaiser

Zweihundert Jahre nachdem jener Wanderer Pausanias die Insel besuchte und Langeweile, ausgestohlene römische Villen und die fluchenden, trinkenden, spielenden Soldaten der Wachkompanie als einzige Bewohner vorfand, hundert Zisternen starrten ihr schwarzes Auge zum Himmel, in einigen quakten schon Frösche –: so viel Verlassenheit, und dann noch einmal solche zweihundert Jahre, so hätte, wenn Jemand gewesen wäre, er eine Pentere von Tinos und Mykonos her um die Inselspitze biegen und in die Bucht einfahren sehen. Ein Staatschiff; es war bekränzt und bewimpelt, aber es sah auch wie ein Theaterschiff aus. Längst war der Hafen nicht mehr in Ordnung, mit Mühe schaffte man Priester und Seher und Staatspersonen, Gesandte in weiß und purpurnen Röcken, weiße Stiere und leider zweihundert weiße Vögel als Opfertiere an Land; Sklaven mußten sich plagen. Ein Herold rief aus, ohne daß jemand da war, der zugehört hätte. Kaum wurde die Würde gewahrt, es ging etwas hastig. Es sah ja auch niemand. Noch stand der uralte Hörneraltar in seiner quadratischen Halle, das heilige Ding der Insel, ein Kubus, aus Hörnern der wilden Ziege geflochten, die auf diesen Inseln einst häufig war; letzte wenige Nachkommen dieser Wildziegen springen noch immer in Klüften der Weißen Berge auf Kreta.

So lange Jahrhunderte war dieser Altar mit Öl glänzend gemacht und gepflegt worden; der archaische

Tanz der Mädchen und Jungen war später nicht mehr verstanden, aber noch immer getanzt und selbst zu Zeiten der ersten römischen Kaiser als eine antiquarische Sehenswürdigkeit immer noch vorgeführt worden. Denn es entleert sich ja unaufhörlich Erfülltes; meist bleiben dann Hülsen zurück, die unbestimmte Verehrung genießen, besser als gar nichts und dennoch: welche Verführung.

So hier, wo die Türen der Halle aufgesperrt waren. Tempeltore offen oder halboffen, schon mit Mühe in ihren Angeln zu drehen, übrigens unnötig, da die Tempelzellen ausgeraubt waren, seit langem gestürzt und zerstückt das alte, ergreifende, erzene, riesige, von der ganzen Welt einst angebetete Gottesbild des Apollon.

Jetzt begann man, das Staatsopfer zu rüsten, das der junge Kaiser dem Sonnengott darzubringen gedachte, bevor er seinen Feldzug ins Land des Euphrat und Tigris begann, auf dem er mit durchbohrter Leber den Tod fand.

Es war das letzte Opfer, das dem Apollon dargebracht wurde, das letzte. Julianus, wie bekannt, war von den besten Lehrern christlich erzogen, schwärmender Grieche, Kenner Homers, der jederzeit mit Ilias- und Odysseia-Versen antworten konnte, Leser der Dialoge von Platon, Schüler des Plotinos, eleusinischer Myste, auch zur Bruderschaft des großen Mithras gehörig, auch in die Mysterien der Großen Mutter geweiht, auch Attis-Myste, Erleuchtung hoffend, auf Nächstenliebe, Entsagung und Läuterung und ein künftiges Leben unter den Feuern des

Himmels bedacht: ein Hellene. Ein Hellene der Zeitenwende, in der alles von allem bewegt, alles an allem beteiligt war. Aber was Ungezählten nach ihm so leicht fiel und noch heut zu Tag leicht fällt: zwar an den Geist der Hellenen, an ihre Polis, an ihre Philosophien, Dichter, Baumeister und unvergleichlichen Künstler, *nicht aber an ihren Glauben zu glauben* –: das, einzig das vermochte er nicht.

Jetzt, eintausend und sechshundert Jahre danach, ist es leicht einzusehen, daß die alten Götter nicht mehr zu retten, daß sie tot waren, Opfer sinnlos und Gebete ohne Adresse. Aber ist nicht Geschichte, während Geschichte geschieht, immer die dunkele Zone, in der man das Nächste nicht sieht, immer die Schattenschwelle, immer wieder von neuem? Konnte der junge Purpurgemantelte wissen, ob Opfer leer waren? Wer vermochte ihm zuverlässig zu sagen, daß der Gott, dem er sie zubrachte, tot war? Wohl, er war totgesagt worden, aber ist ein Gott tot, bloß weil er von irgend Jemandem totgesagt wird? Wie oft ist Gott totgesagt worden?

Wer ist denn dabei gewesen, wer sagt, daß er *nicht* litt? Gewissensqualen? War er nicht in der Lage, die nahe der unsrigen ist, sich in Nächten fragen zu müssen: was man zurücklassen müsse und was man mitnehmen könne aus der vorigen Zeit in die neue? Schon richtig, daß seine Veränderung gegen die unsere ein Kinderspiel war, nur ein Umzug, bei dem man fast alles mitnehmen konnte, indes uns, wenns gut geht, vergönnt ist, einen Luftschutzkoffer voll mit hinüberzunehmen in eine Zeit, die vielleicht

nicht einmal mehr mit dem Namen *Zeit* genannt wird. Dennoch: er mag sich gequält haben. Was war auf alle Fälle zu retten? was dazulassen? was preiszugeben und wo begann der Verrat?
Wissen wirs denn? Sind wir denn, wie es doch sein müßte, unablässig bemüht, das Gepäck klein zu halten, damit wir nicht dummes Zeug retten wie bei Bränden? Ist unsere Hauptsorge, die es doch sein müßte, daß wir nur ja nichts Falsches einpacken? Handbuchwissen? Gerümpel? Und sind nicht zu Viele damit beschäftigt, abzuwerfen, was war, weil es war, bloß deswegen? Neuerer, die immerfort Neues anpreisen, dann wieder das Neue vom Neuen?
Was also wäre zu halten? was neu zu denken? was gehe in Gottes Namen zu Grunde? und in welchen Grund soll es gehen? in den Grund vieler Gründe, Ankergründe, Erlengründe, Trostgründe? in Meergründe, Himmelsabgründe? in den Urgrund, woher alles kam und also auch wieder aus ihm hervorkommen kann? in den allerbergendsten Goldgrund?
So viel Schmähung und andererseits späte, unangebrachte Rühmung dem Apostaten gesagt worden ist, Eins wurde zu wenig gesagt. Er hat zu seinen Göttern *gebetet*, er glaubte. Seine Opfer waren vertrauend. Das trennt ihn von seinen Rühmern der Neuzeit; wenn sie diesen von Christo abgefallenen, Christum verleugnenden Kaiser zum zweitgrößten Menschen ernannten, »wenn nicht zum größten«, so wars auf Entrüstung gesagt, also wie alles dergleichen Gesagte nicht wichtig.

Ist ein Gott tot, bloß weil er totgesagt wird? Vielleicht meinte der Kaiser, daß ein einziges Opfer, das vertrauend dargebracht wird, den Gott *beweise?* Vielleicht war er der, welcher meinte, daß ein einziger Beter das Gerücht, daß Gott tot sei, aufhebe?

Katalog

X WORTE AM WIEGENBAND

XII BYZANTION

insel taschenbücher

Alphabetisches Verzeichnis

Fabeln und Lieder der Aufklärung it 208
Der Familienschatz it 34
Ein Fisch mit Namen Fasch it 222
Flaubert: Ein schlichtes Herz it 110
Fontane: Der Stechlin it 152
Fontane: Effi Briest it 138
le Fort. Leben und Werk im Bild it 195
Caspar David Friedrich: Auge und Landschaft it 62
Manuel Gassers Köchel-Verzeichnis it 96
Das Geburtstagsbuch it 155
Geschichten der Liebe aus 1001 Nächten it 38
Gespräche mit Marx und Engels (2 Bände) it 19/20
Goethe: Dichtung und Wahrheit (3 Bände in Kassette) it 149/it 150/it 151
Goethe: Die Leiden des jungen Werther it 25
Goethe: Die Wahlverwandtschaften it 1
Goethe: Faust (1. Teil) it 50
Goethe: Faust (2. Teil) it 100
Goethe: Hermann und Dorothea it 225
Goethe: Italienische Reise it 175
Goethe: Maximen und Reflexionen it 200
Goethe: Reineke Fuchs it 125
Goethe: Tagebuch der italienischen Reise 1786 it 176
Goethe: West-östlicher Divan it 75
Grandville: Bilder aus dem Staats- und Familienleben der Tiere (2 Bände) it 214
Hauff-Märchen (2 Bände in Kassette) it 216/it 217
Hebel: Kalendergeschichten it 17
Heine: Aus den Memoiren des Herren von Schnabelewopski it 189
Heine: Buch der Lieder it 33
Heras: Am Anfang war das Huhn it 185
Hesse: Dank an Goethe it 129
Hesse: Geschichten aus dem Mittelalter it 161
Hesse: Hermann Lauscher it 206
Hesse: Kindheit des Zauberers it 67
Hesse: Leben und Werk im Bild it 36
Hesse: Piktors Verwandlungen it 122
Hillmann: ABC-Geschichten von Adam bis Zufall it 99
E. T. A. Hoffmann: Kater Murr it 168
Hölderlin-Chronik it 83
Hölderlin: Dokumente seines Lebens it 221
Homer: Ilias it 153
Ricarda Huch: Der Dreißigjährige Krieg (2 Bände) it 22/23
Jacobsen: Niels Lyhne it 44

Kant-Brevier it 61
Kaschnitz: Eisbären it 4
Kästner: Die Lerchenschule it 57
Kästner: Die Stundentrommel vom heiligen Berg Athos it 56
Kästner: Griechische Inseln it 118
Kästner: Kreta it 117
Kästner: Ölberge, Weinberge it 55
Zum Kinderbuch it 92
Kinderheimat it 111
Kinder- und Hausmärchen gesammelt durch die Brüder Grimm (3 Bände in Kassette) it 112/it 113/it 114
Kleist: Der zerbrochene Krug it 171
Klingemann: Nachtwachen von Bonaventura it 89
Klinger: Leben und Werk in Daten und Bildern it 204
Konfuzius: Materialien zu einer Jahrhundert-Debatte it 87
Kropotkin: Memorien eines Revolutionärs it 21
Laclos: Schlimme Liebschaften it 12
Das große Lalula it 91
Das Buch der Liebe it 82
Liebe Mutter it 230 } (in Kassette)
Lieber Vater it 231 }
Lichtenberg: Aphorismen it 165
Linné: Lappländische Reise it 102
Longus: Daphnis und Chloë it 136
Lorca: Die dramatischen Dichtungen it 3
Der Löwe und die Maus it 187
Majakowski: Werke I it 16 Werke II it 53 Werke III it 79
Marc Aurel: Wege zu sich selbst it 190
Märchen deutscher Dichter it 13
Maupassant: Pariser Abenteuer it 106
Mäusegeschichten it 173
Michelangelo: Handzeichnungen und Dichtungen it 147
Michelangelo. Leben und Werk it 148
Minnesinger it 88
Mirabeau: Der gelüftete Vorhang it 32
Montaigne: Essays it 220
Mordillo: Das Giraffenbuch it 37
Mordillo: Das Giraffenbuch 2 it 71
Mordillo: Träumereien it 108
Morgenstern: Alle Galgenlieder it 6
Mörike: Die Historie von der schönen Lau it 72

Shakespeare: Sonette it 132
Shaw-Brevier it 159
Sindbad der Seefahrer it 90
Sonne, Mond und Sterne it 170
Sophokles: Antigone it 70
Sophokles: König Ödipus it 15
Stendhal: Rot und Schwarz it 213
Stendhal: Über die Liebe it 124
Stevenson: Die Schatzinsel it 65
Storm: Am Kamin it 143
Swift: Ein bescheidener Vorschlag . . . it 131
Swift: Gullivers Reisen it 58
Tillier: Mein Onkel Benjamin it 219
Toepffer: Komische Bilderromane (2 Bände in Kassette) it 137
Tolstoj: Die großen Erzählungen it 18
Tolstoj: Kindheit, Knabenalter, Jünglingsjahre it 203
Tschechow: Die Dame mit dem Hündchen it 174
Turgenjew: Väter und Söhne it 64
Der Turm der fegenden Wolken it 162
Twain: Huckleberry Finns Abenteuer it 126
Twain: Tom Sawyers Abenteuer it 93
Voltaire: Candide it 11
Voltaire: Sämtliche Romane und Erzählungen (2 Bände) it 209/it 210
Voltaire: Zadig it 121
Wagner: Ausgewählte Schriften it 66
Walser: Fritz Kochers Aufsätze it 63
Das Weihnachtsbuch it 46
Das Weihnachtsbuch der Lieder it 157
Das Weihnachtsbuch für Kinder it 156
Wilde: Die Erzählungen und Märchen it 5
Wilde: Salome it 107
Wilde. Leben und Werk it 158
Zimmer: Yoga und Buddhismus it 45